컷 플라워 도감

Cut Flowers

잘 고르고 예쁘게 꽂아 오래 줄기기 | 컷 플라워 도감

플라워 스쿨 이사 **캘버트 크레리, 브루스 리틀필드** 지음

강예진 옮김

시그마북스

컷 플라워 도감

발행일 2024년 2월 1일 초판 1쇄 발행
지은이 캘버트 크레리, 브루스 리틀필드
옮긴이 강예진
발행인 강학경
발행처 시그마북스
마케팅 정제용
에디터 양수진, 최연정, 최윤정
디자인 김문배, 강경희

등록번호 제10-965호
주소 서울특별시 영등포구 양평로 22길 21 선유도코오롱디지털타워 A402호
전자우편 sigmabooks@spress.co.kr
홈페이지 http://www.sigmabooks.co.kr
전화 (02) 2062-5288~9
팩시밀리 (02) 323-4197
ISBN 979-11-6862-211-1 (13630)

THE ENCYCLOPEDIA OF CUT FLOWERS: What Flowers to Buy, When to Buy Them, and How to Keep Them Alive Longer by Calvert Crary and Bruce Littlefield

Copyright © 2023 by Calvert Crary
Cover design by Katie Benezra
Cover copyright © 2023 by Hachette Book Group, Inc.
All rights reserved.
Korean translation copyright © 2024 SIGMA BOOKS, INC.
This edition published by arrangement with Black Dog & Leventhal, an imprint of Perseus Books, LLC,
a subsidiary of Hachette Book Group, Inc., New York, New York, USA through AMO Agency.

이 책의 한국어판 저작권은 AMO에이전시를 통해 저작권자와 독점 계약한 **시그마북스**에 있습니다.
저작권법에 의해 한국 내에서 보호를 받는 저작물이므로 무단 전재와 무단 복제를 금합니다.

파본은 구매하신 서점에서 교환해드립니다.

* **시그마북스**는 (주)**시그마프레스**의 단행본 브랜드입니다.

플라워 스쿨의 훌륭한 학생들과 커뮤니티,
전 세계의 꽃을 사랑하는 사람들에게
이 책을 바칩니다.

Cut Flowers

들어가며

이 책은 자기계발서는 아니지만, 그 역할을 할 수도 있다. 꽃에는 힘이 있다. 그리고 생명력이 있다. 꽃이 실제로 우리를 더 행복하게 만든다는 사실이 과학적으로 입증되었다. 여러 연구에서 꽃은 개인의 창의력을 45% 향상시킬 수 있으며, 스트레스와 불안을 줄여준다는 사실을 보여줬다.

빠르게 변화하는 21세기의 세상에서 온갖 압박에 시달리는 우리는 꽃의 장점을 두루 활용할 수 있다. 주변 사회가 격하게 요동칠수록 우리는 기쁨을 갈구한다. 아름다운 꽃의 생동감 넘치는 색감과 근사한 향기, 완벽한 대칭은 우리가 갈망하던 기쁨을 선사한다. 꽃은 치유자이다.

증거가 필요한가? 캔자스주립대학교 원예학부에서 실시한 연구에 따르면 병실에 꽃이 있는 환자는 꽃이 없는 병실의 환자보다 수술 후 진통제가 더 적게 필요하고, 불안과 피로를 덜 느끼며, 수축기 혈압이 낮아지고, 전반적으로 심리적 상태가 더 나은 것으로 나타났다.

꽃은 어떻게 이런 일을 할 수 있을까? 꽃의 어떤 측면이 자연의 활력소 역할을 하는 걸까? 미학적으로 살펴보자. 언제나 인기 많은 장미나 찻잔 받침 크기의 달리아 같은 꽃은 눈길을 사로잡고 아름다우며 고유한 매력이 있다. 향기로 우리를 매혹시키며 문자 그대로 숨이 멎을 정도로 아름다운 꽃이 있는가 하면, 선명한 색상이나 꽃잎의 독특한 물결 모양으로 즐거움을 주는 꽃도 있다. 작약 같은 꽃이 귀중한 찰나의 순간을 선사한다면, 아스틸베는 오래도록 멋진 광경을 선보인다. 세상에서 가장 큰 꽃인 시체꽃처럼 40년에 한 번씩만 피는 것도 있다. 여러 날에 걸쳐 모습을 바꾸어가며 우리의 감정을 사로잡는 꽃이 있는가 하면, 국화처럼 처음 본 모습을 그대로 유지하는 꽃도 있다.

모든 꽃은 그 자체로 특별한 예술 작품이다. 『컷 플라워 도감』에서는 이처럼 인상적이고 다채로운 자연의 갤러리를 둘러본다. 페이지를 넘기며 걸작을 감상하는 정원 투어를 통해, 아가판서스에서 백일홍에 이르기까지 가장 쉽게 구할 수 있는 절화와 인기 있는 절지 140여 종에 관한 흥미로운 정보를 찾고 정리해서 알려주려고 한다. 이 책에서는 각각의 예술 작품을 관리하는 방법도 알려줄 것이다. 이를 통해 단순히 버드형 꽃병에 꽃 하나를 꽂더라도 이름을 알고, 최상의 모습을 오래 유지하는 팁을 배울 수 있다.

자연의 갤러리를 둘러보면서 각각의 꽃을 손질하는 방법도 배운다. 꽃꽂이를 하는 데에는 결국 기술이 필요하다. 꽃꽂이는 명상이자 공예다. 이 책을 다 읽고 나면 꽃을 사랑하는 사람에서 플로리스트로 거듭날 것이다. 이 책을 읽고 난 후 직접 꽃을 손질하며 꽃이 주는 즐거움을 최대한 누리는 독자가 되기를 바란다.

국제 배송이 가능해지고 전문 농업 기술이 발달한 오늘날에는 극소수의 경우를 제외하고는 연중 내내 이국적인 꽃의 아름다움을 누릴 수 있다. 절화로 판매되는 꽃은 대부분 온실에서 재배한다. 이처럼 통제된 환경에서 재배하면 서리나 폭풍우, 가뭄과 같은 불안정한 날씨에도 꽃을 보호하고 빛을 일정하게 공급할 수 있어 꽃이 튼튼하게 자라고 집에 도착해서도 꽃을 피울 수 있다. 또한 매년 북반구와 남반구에 각각 한 번씩 총 두 번의 봄과 여름이 찾아오기 때문에 계절과 상관없이 대부분의 꽃을 손쉽게 구할 수 있다.

플로리스트의 요령

꽃꽂이는 기술이자 명상이며 공예다. 꽃꽂이를 잘하려면 몇 가지 기술을 익혀야 한다. 그런데 '잘한다'는 것은 구체적으로 무엇을 뜻할까? 잘 만든 꽃꽂이의 핵심은 꽃이 모두 생기 있게 피어난 모습을 보여주는 것이다. 더불어 첫날이 지나도 꽃이 바로 시들지 않고 며칠 동안 아름다움을 유지하다가 우아하게 은퇴하듯 서서히 지면 훌륭하다.

꽃은 모두 아름답다. 이 책은 사람들이 일상에서 꽃을 가꿀 때 꽃이 주는 기쁨을 최대한으로 얻을 수 있게 돕는 것이 목적이다. 따라서 이 책에서는 흔히 구할 수 있는 절화에 대한 흥미로운 정보를 찾아서 정리하고 전달하여, 꽃을 사랑하는 사람들이 플로리스트 수준에 이를 수 있도록 각각의 꽃을 다루는 방법을 알려주려고 한다.

꽃은 자연의 산물이며 제각기 고유하다는 사실을 알고 있어야 한다. 우리는 꽃을 소개할 때 독자가 각 품종에 속하는 수없이 많은 선택지에 혼란을 느끼지 않도록 가장 대표적인 꽃을 찾으려고 했다. 예를 들어 하이브리드 티 장미의 품종은 수천 가지가 있지만 이 책에서는 한 가지 품종과 한 가지 색상만 보여준다. 튤립도 품종이 수천 가지가 되지만 몇 가지만 소개한다. 우리는 이 책의 독자 여러분이 마음에 드는 꽃을 발견하고 그 꽃을 아름답게 꽂아 오랫동안 유지하는 요령을 배울 수 있기를 바란다.

신선한 꽃은 적어도 닷새 이상은 버텨야 한다. 어느 화훼 농부나 업체도 24시간만 버티는 꽃을 위해 투자하려 하지 않을 것이다. 꽃이 일찍 시든다면 다른 이유가 있을 것이다. 아마도 '꽃병 수명'이 얼마 남지 않은 시점에 꽃을 구매했을 가능성이 높다. 꽃을 정원에서 직접 수확할 것이 아니라면, 꽃을 잘 관리하고 꽃의 도착 시기를 정직하게 알려주는 평판 좋은 업체를 알아두는 것이 중요하다. 또는 꽃병에 담긴 박테리아가 가득한 물이 줄기를 통해 흡수되었을 가능성도 있다.

먼저 꽃을 올바로 손질하는 방법에 대해 이야기해보자. 플로리스트는 이 과정을 '컨디셔닝'이라고 부른다. 품종에 관계없이 모든 절화는 수분을 충분히 공급해주어 품위 있게 수명을 마칠 수 있도록 적절히 손질해야 한다. 꽃 손질은 여러 단계가 있지만, 일반적으로는 운송된 꽃을 꺼내 물올림을 하고 꽃꽂이에 사용할 수 있도록 준비하는 과정을 거친다. 물 없이 두 시간 이상 이동한 꽃은 사용하기 전에 수분을 채우고 휴식을 취할 시간이 필요하다(이동 후에는 누구나 그렇듯). 일반적으로 상업용으로 재배된 절화는 항공으로 운송된 경우가 많기 때문에 꽃꽂이에 사용하기 전 2~6시간 정도 물올림 한다. '어떤 꽃이든' 박테리아 증식을 방지하기 위해 항균 보존제나 표백제를 약간 넣은 물에 담가야 한다.

경험에 비추어볼 때, 손질이 잘된 꽃은 꽃다발을 만들기가 쉽고 더 우아한 모습으로

잎 제거하기

시든다. 그렇지 않은 꽃은 금세 수명을 다하고 꽃병 안에서 부패하는 식물 무더기로 바뀌어버린다.

다음은 꽃을 컨디셔닝 할 때 꼭 필요한 다섯 가지 팁이다.

1. 잎 제거하기: 줄기에 달린 잎을 전부 떼어내거나 아주 약간만 남긴다. 잎은 꽃을 죽이거나 시들게 하며, 더 심하게는 꽃이 지닌 잠재력조차 발휘하지 못하게 한다. 잎은 줄기의 수분을 빨아들이고 꽃의 생명력을 빼앗아간다. 학생들이 "예쁘니까" 잎을 남겨도 되냐고 물을 때, 우리의 대답은 한결같이 "안 됩니다"이다. 꽃의 잠재력을 살리지 못하느니 차라리 잎을 제거하고 비슷한 모양의 잎으로 대체하는 편이 낫다.

꽃에서 잎을 제거하는 방법은 다양하다. 우리가 가장 즐겨 쓰는 방법은 간단한 '핑거 스트립'이다. 한 손으로 줄기 윗부분의 꽃을 잡고, 다른 손으로 줄기를 동그랗게 감싸듯 잡은 다음 줄기를 따라 아래쪽으로 부드럽게 훑으며 잎을 떼어낸다.

2. 물올림 하기: 누구나 꽃에 물이 필요하다는 사실은 잘 알고 있겠지만, 잘 알려지지 않은 한 가지는 수온이 수명에 크게 영향을 미친다는 것이다. 어떤 꽃에 어떤 물이 가장 적합한지는 일일이 알기 어렵다. 그래서 다음과 같이 일반적인 규칙을 따른다.

튤립이나 아네모네처럼 줄기가 부드러운 꽃은 자른 직후에 찬물에 넣는다. 이렇게 하면 수분을 공급하는 데 도움이 되고 줄기가 녹아내리지 않는다. 장미나 라일락처럼 줄기가 딱딱하거나 나무로 된 꽃은 자른 직후에 뜨거운 물에 넣어야 한다.

보드카, 비아그라, 아스피린을 넣거나 시중에서 파는 첨가제나 보존제를 넣어야 한다는 등, 꽃을 오래 보존하기 위해 꽃병에 무엇을 넣어야 하는지에 대한 여러 의견이 있다. 사실 가장 신경 써야 할 부분은 물을 깨끗하게 유지하고 박테리아의 증식을 막는 것이다(박테리아는 차가운 물보다 뜨거운 물에서 더 빨리 증식한다). 우리는 물을 자주 갈아주는 방법이 약한 표백제나 보존제를 사용하는 방법 다음으로 매우 효과적이라는 사실을 발견했다. 예전부터 많이 써오던 보존제는 일반적이고 어디서든 쉽게 구할 수 있다. 표백제 용액을 만들려면 분무기에 물과 표백제를 10:1 비율로 넣어 섞은 후 표백제 용액이라고 잘 보이게 적어둔다. 꽃병에 물을 담거나 꽃을 꽂기 전에 서너 번 분사한다. 밀크위드는 항상 뜨거운 물에 담아야 한다는 사실을 기억하자.

수질은 매우 중요하다. 대부분의 절화용 보존제나 약품은 주로 항균 성분이다. 꽃이든 사람이든 박테리아가 없는 깨끗한 물을 마셔야 한다. 꽃을 집으로 가져와서 컨디셔닝 할 때는 특히 수온에 주의를 기울인다. 어떤 꽃에 특별히 권장하는 물이 있을 경우에는 '손질법' 항목에 적어두었다. 꽃에 따라 뜨거운 물(49~54℃)이나 실온수(10~16℃), 차가운 물(2~4℃)이 필요할 것이다.

3. 자르기: 꽃은 모두 물에 넣기 직전에 바로 잘라야 하지만, 꽃에 따라 추가 작업이 조금 더 필요한 경우도 있다.

대부분의 꽃은 꽃 칼로 길게 자르는 것이 좋다. 기본은 45도 각도로 자르는 것이지만, 전문가들은 물에 닿는 표면적을 넓히고 흡수가 빠르게 되도록 이보다 더 예리한 각도로 자르는 편이다. 이 방식이 도움이 되는 꽃이 어느 것인지 일일이 기억하기 어렵기 때문에, '무슨 꽃이든' 칼을 사용해 예리한 각도로 길쭉하게 자르는 것이 가장 좋다. 꽃은 거의 항상 탈수 상태이다.

수국이나 라일락처럼 나무줄기로 된 꽃은 줄기를 쪼개고 껍질을 벗기면 도움이 된다. 단, 지나치게 많이 쪼개지 않도록 주의한다. 줄기의 5~8cm 정도를 쪼개거나 분할해서 표면적을 늘리는 정도면 충분하다.

자르기

쪼개기

분무하기

4. 분무하기: 수분을 아래에서 위로 끌어 올리는 것보다 위에서 아래로 주는 것을 좋아하는 꽃도 있다. 수많은 품종이 습한 공기를 좋아하며 줄기를 물에 담그는 것만으로는 수분을 충분히 얻지 못한다. 플로리스트는 '분무하기'와 '둘러싸기' 두 가지 방법을 사용한다. 분무하기는 말 그대로 분무기에 물을 채우고 꽃의 머리와 줄기에 분사하는 것이다. 단, 꽃에 물을 너무 많이 뿌리지 않도록 주의하자. 꽃잎 안에 물이 고이면 곰팡이가 생길 수 있다.

둘러싸기

5. 둘러싸기: 촉촉하게 적신 크라프트지 등으로 꽃을 둘러싸두면 수분을 공급하는 데 도움이 된다. 먼저 잎을 제거한다('1. 잎 제거하기' 참조). 그런 다음 분무기에 신선한 물을 담아 촉촉해질 정도로 종이에 뿌린다. 종이가 푹 젖지 않도록 주의한다. 종이 위에 다발로 묶은 꽃을 올리고 원뿔 형태로 둘러싼다. 줄기를 모두 길이가 같게 자르고 온도를 적절히 맞춘 물에 다발을 꽂은 다음(위 사진 참조), 꽃병을 서늘하거나 시원한 곳에 4~6시간 동안 둔다.

6. 보관하기: 꽃은 서늘한 곳에 보관하면 매우 도움이 된다. 온도는 7~13℃ 정도를 권장한다. 냉장고나 냉방이 잘되는 방이 좋다. 꽃에 수분을 공급하는 방법은 상추에 수분을 공급하는 방법과 매우 비슷하다. 잘 알겠지만 깨끗이 씻은 후(분무하기) 돌돌 말아서(둘러싸기) 냉장고에 어느 정도 넣어두면 상추가 금세 아삭아삭해진다. 꽃도 마찬가지다.

꽃의 종류에 관한 용어

플로리스트는 꽃의 유형을 설명할 때 몇 가지 용어를 사용한다. 예를 들어 '스프레이'라는 용어는 꽃 머리는 작지만 줄기에 여러 개의 꽃이 달린 형태를 뜻한다. 가장 쉽게 볼 수 있는 것은 장미와 스프레이 장미다.

꽃이나 잎이 두 가지 이상의 색을 띠는 경우 플로리스트는 '잡색'이라고 부른다. 보통은 잎 색을 칭할 때 사용하지만 꽃의 스탠더드 품종에서 특이한 색상이 나타날 때 이 용어를 사용하기도 한다.

모든 플로리스트에게 필요한 도구

1. 꽃 칼과 전지가위. 플라워 스쿨에서 가장 좋은 도구로 손꼽는 것은 빅토리녹스 플로럴 나이프와 ARS 130DX 전지가위다. 모조품은 품질이 같지 않으므로 사용하지 말자.

2. 컨디셔닝을 위한 꽃병. 높이가 높은 것과 낮은 것, 입구가 넓은 것, 큰 것이 필요하다. 꽃은 모양과 크기가 다양하기 때문에 꽃병도 그에 따라 준비해야 한다. 물속에서 어떤 일이 일어나는지(박테리아 증식이나 물의 청결도)를 살필 수 있도록 유리 재질을 권장하며, 유리 꽃병이 보기에도 훨씬 좋다.

3. 꽃을 둘러싸기 하거나 탁자를 보호하기 위해 까는 용도의 크라프트지 소형 롤.

디자인 팁

1. 같은 모양의 꽃을 사용한다. 예를 들어 칼라나 튤립, 잔디와 같은 선형 꽃은 쉽게 잘 어울린다. 카네이션이나 장미, 수국처럼 얼굴이 평평한 꽃은 모두 평평하기 때문에 잘 어울린다.

2. 한 가지 색상을 사용한다. 색상을 하나 고르고, 동일한 색상의 여러 종류의 꽃을 활용하여 대담하게 표현한다.

3. 두 가지 이상의 색상이 있는 꽃다발은 1차 색(빨강, 파랑, 노랑 - 옮긴이) 65%, 1차 색의 셰이드(순색에 검정색을 섞은 색 - 옮긴이) 25%, 보색 10%로 색상을 혼합하는 고전적인 방법을 사용한다.

4. 예상치 못한 요소를 활용해 보는 사람에게 놀라움을 선사한다. 예를 들어 토마토나 넝쿨에 달린 포도처럼 꽃이 아닌 요소나 색을 입힌 말린 꽃, 예상치 못한 다른 색상을 추가해본다. 여기에는 제약이 없다.

어떤 원칙이든 분명 예외가 있지만, 이런 원칙은 작업의 기본 바탕이 될 것이다. 이 팁을 참고해 꽃을 구매하고 손질을 시작해보자!

―

『컷 플라워 도감』은 초보 플로리스트가 인기 있는 절화 품종을 알아보고 관리할 수 있게 도움을 주는 것을 목표로 한다. 적어도 꽃의 이름을 알게 되고, 꽃을 조금이라도 더 오래 볼 수 있는 방법을 배울 수 있을 것이다.

일러두기

이 책에 소개된 꽃들은 원서의 구성에 따라 알파벳순으로 수록하였습니다.
가나다순 목록은 이 책의 361쪽에서 확인하실 수 있습니다.

Cut Flowers

꽃

Agapanthus
아가판서스

나일강의 백합, 아프리카나리

아가판서스의 품종은 재배종과 잡종을 합하면 600종이 넘는다. 푸른색 계열이 가장 흔하며, 연보라색이나 분홍색, 흰색도 있다.

가용 시기
초봄부터 늦여름까지

손질법
아가판서스는 줄기의 길이가 약 20cm부터 182cm에까지 이르며, 각 줄기에는 여러 꽃송이가 작은 구형을 이루며 피어난다. 아가판서스를 구매할 때는 이제 막 피어나려는 꽃으로 고른다. 잘 드는 칼을 사용해 45도 각도로 자르고 뜨거운 물에 넣어둔다. 아가판서스는 에틸렌에 민감하므로 숙성 중인 과일 주변에 두지 않는다.

흥미로운 사실
아가판서스라는 이름은 사랑을 뜻하는 그리스어 '아가페'와 꽃을 뜻하는 '안토스'에서 유래했다. 이름이 지닌 의미처럼 아가판서스는 사랑의 상징으로 널리 사용되며, 한때 임신한 여성들이 다산과 건강을 기원하며 아가판서스 꽃을 착용하기도 했다. 열대 지방에서 자라는 아름다운 이 꽃은 마늘과에 속하며, 선이 강하고 로맨틱한 매력이 있어 화려한 분위기를 연출한다.

Alchemilla
알케밀라

레이디스 맨틀, 사자의 발, 곰의 발, 아홉 갈고리

알케밀라는 둥근 형태에 가장자리가 물결 모양인 에메랄드색 잎이 특징이며, 작은 연두색 꽃송이가 조금씩 모여 있어 꽃다발을 아름답게 만들어주는 필러로 사용된다.

가용 시기
봄과 여름

손질법
갈색 부분이 없는 노란 꽃을 고른다. 줄기를 잘라 따뜻한 물에 넣어둔다. 꽃병에 꽂은 후에는 주변 온도를 시원하게 유지하는 편이 좋다. 알케밀라는 거의 모든 색상과 짝을 잘 이루지만, 특히 보라색이나 분홍색과 잘 어울린다. 또한 말리기가 쉬운데, 여러 줄기를 묶어서 서늘하고 통풍이 잘되는 곳에 거꾸로 매달아두기만 하면 마른다. 다른 드라이플라워보다 수명이 길다.

흥미로운 사실
알케밀라는 땅에서 물을 끌어 올리고, 잎의 가장자리에 있는 작은 구멍으로 물을 내보낸다. 중세 시대의 연금술사들은 이 물이 궁극의 생명수인 '제5원소'라고 믿었고, 이 물을 마시면 영원한 생명을 얻게 된다고 생각했다. 그 믿음에 축배를 든다.

Allium

알리움

관상용 양파, 야생 마늘, 차이브

알리움 꽃 색상은 상당히 다양하다. 진한 보라색에서 흰색 사이의 색상이 가장 인기가 많다. 늦봄 품종 중에는 구 형태가 아니라 찻잔 모양인 것이 있으며, 주황색, 빨간색, 보라색, 흰색 등 색상이 매우 다양하다.

가용 시기
봄부터 9월까지

손질법
알리움은 꽃이 반쯤 폈을 때 수확해야 한다. 줄기를 잘라보면 알리움이 양파과에 속한다는 것을 바로 알 수 있다. 알리움이 꽂혀 있는 물에서 양파 수프 냄새가 날 수 있으니 매일 물을 갈아준다. 알리움의 꽃병 수명을 늘리고 싶다면 깨끗한 물이 핵심이다. 10~21일 정도 버틸 수 있다. 알리움의 꽃 머리 부분도 말릴 수 있다.

흥미로운 사실
알리움의 꽃 머리는 작은 꽃 여러 개가 모인 방울 형태로 마치 불꽃놀이의 폭죽이 터지는 모습과도 같다. 높이가 거의 182cm에 달하며, 지름은 약 15cm. 알리움은 행운과 단결, 인내, 겸손을 나타낸다.

Alstroemeria
알스트로메리아

페루 백합, 앵무새 백합, 잉카의 백합

알스트로메리아는 미니어처 백합을 닮았다. 나팔 모양의 꽃은 밝은 빛을 띠며 빨간색, 주황색, 보라색, 녹색, 흰색 등 다양한 색상이 있다. 반점이나 줄무늬, 진한 색의 기다란 무늬가 있는 경우가 많다. '뒤집힌' 형태의 잎은 모양이 다양하며 가장자리가 매끈하다. 알스트로메리아는 향기가 없다.

가용 시기
연중 내내

손질법
줄기를 사선으로 자르고 잎을 제거한다. 깨끗한 꽃병에 시원한 물을 채우고 보존제를 넣는다. 3일 정도에 한 번씩 물을 갈아주고 그때마다 줄기 끝을 다듬는다. 알스트로메리아는 숙성 중인 과일을 피해서 서늘하고 그늘진 곳에 꽂아둔다. 꽃병 수명은 최대 14일이다.

흥미로운 사실
알스트로메리아는 우정의 꽃으로 알려져 있으며, 향기가 없기 때문에 꽃가루 알레르기가 있는 친구에게 좋은 선물이 될 것이다.

Amaranthus

줄맨드라미(아마란서스)

태슬 꽃, 사랑은 피를 흘린다, 고양이 꼬리, 벨벳 꽃, 여우꼬리풀

줄맨드라미는 깃털 모양의 꽃대부터 풍성하게 늘어지는 밧줄 형태에 이르기까지 모양과 질감이 다양하며, 빨간색, 암적색, 주황빛 갈색, 노란색, 녹색 등 색상도 여러 가지다. 잎이 빨갛고 노랗게 변하면 더욱 화려해진다.

가용 시기
여름부터 가을까지

손질법
줄맨드라미는 물을 많이 흡수하기 때문에 물을 잘 주고 분무기로 자주 뿌려준다. 꽃병에서 5일 정도는 형태를 잘 유지한다. 줄맨드라미도 말리기 쉬우며 직사광선만 피하면 색을 유지한다.

흥미로운 사실
남아메리카가 원산지인 줄맨드라미의 이름은 '빛바래지 않는'이라는 뜻의 그리스어 '아마란토스'에서 유래했다. 이름 그대로 줄맨드라미는 진한 빨강, 초록, 노랑 등의 색상을 오랫동안 선명하게 유지한다. 줄맨드라미로 꽃꽂이에 극적인 분위기를 훌륭하게 더할 수 있다.

줄맨드라미의 수상꽃차례

Amaryllis
아마릴리스

이스터 백합, 저지 백합, 네이키드 백합

아마릴리스 품종은 선택지가 매우 폭넓다. 꽃의 크기는 약 10~25cm이며 꽃이 한 송이만 피는 것부터 줄기당 네 개가 모여 피는 것까지 형태가 다양하다. 특수 품종 중에는 꽃 속에 꽃이 피는 겹꽃 형태도 있다. 가장 인기 있는 색상은 빨간색과 흰색이지만, 분홍색이나 연어색, 살구색, 장미색, 진한 암적색 꽃도 있다. 연말에는 빨간색과 흰색의 꽃을 활용하면 밝은 분위기로 꾸밀 수 있다.

가용 시기
알뿌리 꽃인 아마릴리스는 이른 봄에 꽃이 피지만, 온실에서 재배해 초겨울에 활용하기도 한다.

손질법
아마릴리스 꽃은 잘라서 꽃병에 꽂으면 더 오래간다. 꽃을 수확하기 가장 좋은 시기는 꽃봉오리가 열리기 직전이다. 날카로운 칼을 사용해 알뿌리의 목에서 2.5cm 가량 위쪽을 45도 각도로 자르고 아주 깨끗한 물이 담긴 꽃병에 꽂는다. 물속에 잠긴 줄기는 밑부분이 갈라지거나 말리는 경우가 많기 때문에, 플로리스트들은 보통 이를 방지하기 위해 줄기 밑부분에 고무줄을 감거나 방수 테이프를 붙인다. 물을 자주 갈아주면 14일 넘게 아름다운 모습을 볼 수 있다. 꽃이 활짝 피면 꽃이 무겁고 줄기 속이 비어 있기 때문에 약 50~60cm 길이의 빨대나 대나무, 막대기 등을 줄기 안에 꽂으면 꽃 무게를 지탱하고 줄기가 부러지는 것을 방지한다.

흥미로운 사실
매년 미국에서만 아마릴리스 알뿌리가 1,000만 개 이상 판매된다. 네덜란드는 아마릴리스 수출량으로 세계 선두를 달리고 있으며 품종이 가장 다양하고 품질도 최고다. 아마릴리스는 사랑받고 싶은 욕구를 상징하기 때문에 연말 시즌에 활용도가 높다.

Anemone

아네모네

바람 꽃, 들의 백합, 양귀비 아네모네

아네모네는 홑꽃이나 겹꽃 등 형태가 다양하며, 흰색이나 노란색, 장미색, 파란색, 보라색, 분홍색, 다홍색, 적갈색, 산호색, 구리색 등으로 색상도 여러 가지다. 가을에 피는 일명 일본 아네모네 품종은 일반 아네모네보다 꽃잎이 작다. 중앙이 검은색이고 꽃잎이 흰색과 연분홍색인 품종이 가장 인기가 많다.

가용 시기
일반 아네모네: 겨울에서 봄까지, 일본 아네모네: 가을

손질법
아네모네는 신선한 상태로 구매해야 꽃병 수명이 길기 때문에 꽃이 반 이상 피기 전에 구매하는 것이 좋다. 신선도를 나타내는 지표는 꽃부터 줄기에 달린 프릴 같은 녹색 포엽(변형된 잎)까지의 거리다. 포엽이 꽃에서 1.3cm 정도 떨어져 있으면 신선한 것이다. 꽃이 포엽 위로 1.3cm 이상 자랐다면 수확한 지가 꽤 되었을 가능성이 높다. 아네모네는 물을 많이 흡수한다는 사실을 기억해두고 물을 자주 갈아주고 채워준다. 아네모네는 굴광성 식물로 빛과 열에 노출되면 꽃이 열렸다가 닫혔다가 한다. 꽃꽂이에 사용할 때는 이 특성을 염두에 두자.

흥미로운 사실
아네모네는 종종 그리스도의 죽음을 슬퍼하는 성모 마리아와 함께 묘사된다. 성모 마리아 그림에 나오는 붉은 아네모네는 그리스도의 피를 상징하는 것으로 알려져 있다. 꽃이 밤에 닫혔다가 아침에 열리는 아네모네는 "지금 이 순간을 즐겨라"라는 말을 되새겨준다.

Anthurium
안스리움

홍학 꽃, 색칠한 혀, 꼬리 꽃

안스리움은 주로 붉은색을 띠지만 녹색, 분홍색, 흰색, 초콜릿색 등 여러 아름다운 색상이 있다.

가용 시기
연중 내내 구할 수 있지만, 여름이 가장 좋다.

손질법
줄기 끝을 2.5cm 정도 잘라내고 신선한 물이 담긴 깨끗한 꽃병에 꽂는다. 일주일에 한 번 물을 갈아주고 줄기를 0.6cm 정도 잘라주면 꽃을 14일 이상 아름답게 유지할 수 있다.

흥미로운 사실
안스리움에서 '꽃'으로 보이는 부분은 사실 하트 모양의 불염포로, 광택이 있는 변형된 잎의 일종이며 자그마한 꽃이 자라는 수상꽃차례의 아래쪽에서부터 넓게 펼쳐진다. 안스리움의 이름은 그리스어 '안토스(anthos, 꽃)'와 '우르아(oura, 꼬리)'에서 유래한 것으로 '꽃을 피우는 꼬리'라는 뜻이다. 다른 꽃들과는 전혀 닮지 않은 독특한 아름다움을 지닌 안스리움에 색을 칠하거나 장난기 가득한 동화 작가 닥터 수스의 느낌을 더하면 창의적인 꽃꽂이를 만들 수 있다. 안스리움은 대야망, 행복, 환대를 상징한다.

Asclepias

금관화(아스클레피아스)

나비풀, 늪 밀크위드

금관화는 색상에 따라 여러 가지 품종이 있다. 붉은 점이 있는 주황색 품종이 가장 흔하고, 흰색이나 분홍색, 라벤더색, 노란색, 빨간색도 찾아볼 수 있다.

가용 시기
늦봄과 초여름

손질법
줄기를 자르고 나면 꽃이 잘 피지 않기 때문에 꽃이 절반 이상 피었을 때 줄기를 잘라야 한다. 금관화는 작은 별 모양으로 흥미롭게 생겼으며, 유액을 분비하는 식물이라 잎을 제거하면 줄기에서 끈적끈적한 흰색 즙이 스며 나오는 것을 볼 수 있다. 금관화는 이 방식으로 물을 흡수한다. 줄기를 자른 직후에는 뜨거운 물로 물올림 한다. 수액이 다 빠져나갈 때까지 다른 꽃과 함께 꽂아두지 않는다.

흥미로운 사실
금관화는 나비를 끌어들이는 식물로 알려져 있다. 미국 초기 식민지 시대에 쌕쌕거리는 기침 질환인 늑막염이 흔했는데, 이 질환에 '아스클레피아스 투베로사'가 치료제로 쓰였으며 효과가 매우 좋아서 늑막염 뿌리라는 별명을 얻기도 했다.

Aspidistra

엽란(아스피디스트라)

주철 식물, 바룸 식물, 정육점 식물

엽란은 창 모양의 얼룩덜룩한 녹색 잎이다. 높이가 약 38~46cm, 너비가 약 8~15cm이다.

가용 시기
연중 내내

손질법
엽란의 잎은 자르거나 접거나 꼬아두어도 몇 주 동안 형태가 잘 유지되기 때문에 센터피스나 웨딩 장식의 녹색 소재로 많이 쓰인다. 유리 꽃병의 안쪽을 잎으로 감싸서 지저분한 줄기를 가리는 데 사용하기도 한다.

흥미로운 사실
엽란은 영국 빅토리아 시대에 큰 인기를 얻었으며, 실내에 방치해도 잘 견디는 특성 때문에 '주철 식물'이라는 별명이 생겼다. 네덜란드에서는 온도가 낮고 햇빛이 잘 들지 않는 곳에서도 잘 자라는 내한성 덕에 '정육점 식물'로 널리 알려져 있다.

Asplenium, Crispy Wave
아스플레니움, 크리스피 웨이브

둥지 파초일엽
크리스피 웨이브 아스플레니움은 수직으로 뻗은 초록 잎에 가장자리가 물결 모양인 것이 특징이다.

가용 시기
연중 내내

손질법
흥미롭게 생긴 이 양치식물의 잎은 물올림 하면 몇 주 동안 버틸 수 있다. 단단한 케일처럼 구부러지지 않는 것이어야 한다. 잎이 시들기 시작하면 잎 전체를 찬물에 푹 담가 다시 물올림 한다.

흥미로운 사실
아스플레니움이라는 이름은 '비장 허브'라는 의미의 그리스어 '아스플레논(asplenon)'에서 유래했다. 중세 시대에 아스플레니움은 비장 질환을 치료하는 약으로 사용되었다. 아스플레니움은 관엽 식물로도 판매되고 있고, 가정 플로리스트의 정원에 심기에도 좋다. 산소를 내뿜고 공기 중의 온갖 유해 물질을 없애준다.

Aster, China

과꽃(중국 아스터)

한해살이 아스터

과꽃은 중앙이 노랗고 밝은 보라색이나 분홍색, 빨간색, 흰색을 띤 꽃으로 널리 알려져 있다. 잎은 녹색 타원형이며 가장자리가 톱니 모양이다. 다른 아스터 품종과 달리 여러해살이가 아닌 한해살이 식물이다.

가용 시기
늦여름부터 초가을까지

손질법
잎이 물속에 있으면 썩고 꽃병 수명이 줄어들기 때문에 잎을 물에 넣지 않는다. 며칠마다 물을 갈아주면 꽃병 수명은 7~14일 정도이다.

흥미로운 사실
과꽃은 훌륭한 기상학자로 알려져 있다. 과꽃의 꽃잎이 닫혀 있으면 비가 올 것으로 예측한다. 고대에는 해질녘에 과꽃 꽃잎이 닫히면 요정들이 꽃잎 아래에서 잠을 잔다고 믿었다.

Astilbe

아스틸베

가짜 염소 수염

아스틸베는 고사리와 비슷하게 생기고 광택이 나는 매력적인 잎이 풍성하게 자라고, 흰색이나 연분홍, 분홍색 등 밝은 색을 띠는 섬세한 깃털 같은 색색의 꽃을 피워낸다. 흔하지는 않지만 연한 암적색도 있다.

가용 시기
초봄부터 여름까지

손질법
아스틸베는 꽃꽂이에 질감과 섬세한 느낌을 더해주는 훌륭한 필러 꽃이다. 꽃병 수명을 최대로 늘리려면 상반부에 꽃봉오리가 부풀어 있을 때 수확한다.

흥미로운 사실
아스틸베는 오랫동안 꽃을 피우며, 소중한 사람에 대한 헌신을 상징한다. 누군가에게 아스틸베를 선물한다면 영원히 헌신하겠다고 약속하는 것이다.

Astrantia
아스트란티아

마스터워트, 해티의 바늘겨레

아스트란티아는 꽃이 오래가고 별 모양 머리에 꽃잎이 다섯 개 있다. 색상은 흰색, 분홍색, 빨간색 등 다양하다.

가용 시기

여름

손질법

아스트란티아의 줄기는 속이 비어 있고 뜨거운 물을 좋아한다. 꽃이 처진 것처럼 보이면 잎을 제거하고 줄기를 새로 잘라 뜨거운 물이 담긴 꽃병에 넣고 윗부분에 물을 분사한 다음 냉장고에 넣어둔다. 곧바로 다시 피어날 것이다.

흥미로운 사실

아스트란티아는 가볍고 움직임이 아주 멋스럽다. 정원에 있을 때와 마찬가지로 꽃다발에 있어도 아름답다. 아스트란티아는 줄기와 꽃이 단단하여 색과 모양이 그대로 유지되며, 드라이플라워로도 훌륭하다. 힘과 용기, 보호를 상징한다.

Banksia
방크시아

호주 야생화

호주의 토종 야생화인 방크시아는 길쭉한 원뿔 모양의 꽃차례를 형성하며 종이 170가지가 넘는다. 색상은 금색, 은색, 노란색, 녹색, 보라색 등이 있다. 일부 종은 꽃차례가 여러 가지 색으로 되어 있다.

가용 시기
늦여름부터 가을까지

손질법
사막에서 자라는 이 꽃은 어떤 꽃보다 강건하며 물에 담가두기만 해도 꽃을 몇 주간 유지한다. 꽃의 수명을 더 늘리고 잎에 수분을 유지하려면 촉촉하게 적신 종이를 원뿔 모양으로 둘러싼다('둘러싸기'에 관한 자세한 내용은 '들어가며'를 참조한다).

흥미로운 사실
하나의 꽃처럼 보이는 원뿔 모양의 꽃차례는 수백 개 또는 수천 개의 작은 꽃으로 이루어져 있다.

Bouvardia
부바르디아

폭죽 덤불, 트럼페텔리아, 벌새 꽃

섬세한 재스민 같은 부바르디아의 꽃은 홑꽃이나 겹꽃이 아름다운 작은 송이를 이루며 피어난다. 흰색과 빨간색, 그리고 이 두 색 사이의 모든 색상이 있다.

가용 시기
이른 봄부터 늦가을까지

손질법
부바르디아는 근사한 절화용 꽃으로, 꽃병 수명이 20일까지 지속할 수 있다. 필러 꽃이나 강조용 꽃으로 사용할 수 있다. 꽃의 수명을 연장하려면 지나치게 많은 잎은 떼어내고 윗부분의 꽃봉오리를 제거한다.

흥미로운 사실
부바르디아는 치자나무와 관계가 있으며 열정을 상징하기 때문에 축하를 전하는 꽃다발에 자주 사용된다. 열정적으로 살아가는 사람들에게 멋진 선물이 된다.

Bruniaceae
브루니아

버젤리아, 단추 덤불, 눈 덤불

이 기묘한 꽃은 브루니아과에 속하며, 기다란 나무줄기에 동글동글하게 맺힌 열매 같은 모양이 송이를 이루고 깃털 같은 잎이 달린 모습이 마치 다른 세상의 꽃 같다. 이 관목은 바늘 모양의 잎과 단추 같은 작고 사랑스러운 꽃 머리로 꽃꽂이 디자인에 훌륭한 질감을 더해준다. 녹색과 빨간색, 은색 등 다양한 품종이 있으며, 겨울철 흰색 꽃꽂이에 이상적이다.

가용 시기
연중 대부분. 절정기: 여름부터 늦가을까지

손질법
가능하면 꽃이 피기 전에 구매한다. 꽃봉오리가 원뿔 모양으로 달린 가지가 이미 꽃이 핀 가지보다 오래가기 때문이다. 잎은 녹색에 광택이 나고 꽃에는 갈색 반점이 없는 것이 좋다. 잎이 노랗게 변한 다발은 피한다. 꽃병에 표백제를 4분의 1 티스푼 정도 넣으면 14일 이상 지속할 수 있다.

흥미로운 사실
브루니아 열매는 사실 열매가 아니라 공 모양의 꽃이다. 브루니아 관목의 원산지는 남아프리카이며 키가 180cm 넘게 자라기도 한다. 짙은 녹색 잎은 솔잎처럼 뾰족하다.

Bupleurum
버플레움

토끼 귀, 시호

이 꽃은 꽃이라기보다는 들판에서 자라는 잎사귀에 더 가까우며, 연녹색의 색감 때문에 널리 알려져 있다. 버플레움은 높이 약 90cm까지 자란다.

가용 시기
봄부터 여름까지

손질법
잎이 밝은 녹색이고, 꽃이 잘 펼쳐진 형태로 절반 이상 핀 튼튼한 줄기를 고른다. 줄기가 엉키기 쉬우므로 줄기를 분리할 때 주의한다. 줄기를 집을 때는 거꾸로 뒤집어 부드럽게 흔들어서 푼다. 버플레움은 뜨거운 물로 물올림을 하고 미스트를 뿌려 수분을 충분히 공급한다.

흥미로운 사실
버플레움은 회향이나 딜과 밀접한 관련이 있다. 중국에서 부르는 이름인 '차이 후(chai hu)'는 '야만인을 위한 불쏘시개'라는 뜻이다. 버플레움은 중국에서 수천 년 동안 발열이나 피로, 호흡기 감염, 소화기 질환을 치료하는 약재로 사용되어왔다.

Calathea
칼라테아

칼라테아는 녹색과 흰색이 섞인 커다란 잎이 있으며, 뒷면은 선명한 보라색으로 대조를 이룬다.

가용 시기
연중 내내

손질법
칼라테아 같은 열대 잎은 줄기에 이를 때까지 폭이 매우 넓다(최대 15cm). 잎은 절대 물에 담가놓으면 안 된다는 통념은 잠시 잊어도 된다. 열대식물인 칼라테아 잎은 유리 꽃병 안쪽을 장식하는 강조 요소로 자주 쓰인다. 칼라테아 잎 등 열대식물의 잎은 쉽게 부패하지 않으며 물속에서도 잘 버틴다.

흥미로운 사실
칼라테아 잎은 특유의 개성이 있어 색다른 꽃꽂이에 세련된 느낌을 줄 수 있다. 물 없이 가로로 놓아 테이블 장식으로도 활용할 수 있다. 이 경우에는 몇 시간 정도만 지속할 수 있다.

Calendula
금잔화(칼렌듈라)

포트 메리골드

금잔화는 밝은 노란색이나 주황색으로, 데이지와 비슷한 꽃을 피운다.

가용 시기
초여름부터 늦여름까지

손질법
금잔화의 잎은 길쭉하고 좁고 털이 많으며 냄새가 난다고도 하지만, 오래 지속하는 훌륭한 절화용 꽃이다. 금잔화를 자르면 끈적끈적한 수액이 스며 나온다. 뜨거운 물이 담긴 꽃병에 넣어둔다.

흥미로운 사실
식용 금잔화 꽃은 후추 맛이 살짝 난다. 금잔화는 생으로도 익혀서도 먹을 수 있고, 칵테일에 넣어 활기를 불어넣기도 한다. 금잔화는 값비싼 사프란의 대체재로 사용할 수 있어서 가난한 자의 사프란으로 불리기도 한다. 금잔화는 면역 체계를 강화하는 데 도움이 된다고 알려져 있으며, 차나 팅크처(동식물의 물질을 에탄올 등으로 용해해 추출한 액체 - 옮긴이)로 만들어 활용한다.

Calla Lily(*Zantedeschia*)
칼라(잔테데스키아)

칼라는 거의 모든 색상이 있을 정도로 여러 가지 색이 있으며, 크기도 매우 다양하다. 일반적으로는 높이가 약 30~46cm지만, '콜롬브 드 라 페('평화의 비둘기'를 뜻하는 프랑스어 - 옮긴이)'로 알려진 품종은 거의 90cm에 달한다.

가용 시기
연중 내내. 초봄부터 한여름까지가 가장 좋다.

손질법
칼라의 줄기는 부드럽고 연약하다. 줄기가 썩는 것을 예방하려면 키가 큰 꽃병에 항균 처리한 물을 약 2.5cm 정도 담아서 꽂아두는 것이 가장 좋다. 꽃이 오그라들었다면 오래된 것이다. 이런 꽃은 수분이 회복할 수 없을 정도로 빠져나가 되돌릴 수 없으므로 구매하지 않는다.

흥미로운 사실
칼라는 선형 꽃으로 여백을 중시하는 길고 높은 꽃꽂이에 가장 적합하다. 잎도 훌륭한 소재가 되므로 개인 정원에서 칼라 잎을 잘라낼 수 있다면 잎 소재까지 덤이 생긴 셈이다.

Campanula
캄파눌라

비너스의 거울, 초롱꽃, 램피언, 라푼젤

캄파눌라는 관 형태의 종 모양 꽃으로 듬성듬성 모여 피며, 분홍색, 흰색, 보라색, 라벤더색, 연분홍색 등이 있다.

가용 시기

봄

손질법

줄기 아래쪽을 1.3cm 정도 자르고 뜨거운 물에 넣어둔다. 잎을 제거하고 시원한 물을 뿌려준다. 꽃꽂이에 사용하기 전 두 시간 동안 물올림을 한다.

흥미로운 사실

캄파눌라는 라틴어로 '종'을 뜻한다. 1812년에 그림 형제가 공주의 이름으로 '라푼젤'을 사용한 이유는 당시 독자들에게 라푼젤, 즉 '캄파눌라 라푼쿨루스'가 익숙했기 때문이다. 라푼젤의 어머니가 마녀의 정원에서 훔친 캄파눌라는 당시에 흔한 허브였다.

Celosia, Brain Flower

맨드라미(셀로시아, 브레인 플라워)

깃털, 계관화

맨드라미의 브레인 플라워 품종은 뇌의 굽이치는 주름과 닮았다. 맨드라미는 만지면 단단하고 벨벳 같은 모습에 촉감도 비슷하다. 빨간색, 주황색, 노란색 등 다양한 색상이 있다.

가용 시기
여름

손질법
맨드라미 줄기는 매우 부드럽기 때문에 부러지지 않도록 시원한 물이 담긴 꽃병에 넣어두는 것이 가장 좋다. 맨드라미는 물을 이틀에 한 번씩 자주 갈아주면 꽃병 수명이 최대 14일이다.

흥미로운 사실
맨드라미는 '영원한 사랑'과 '진정한 사랑은 영원히 지속된다'라는 뜻을 담고 있다.

Celosia, Spiked

촛불 맨드라미 (셀로시아, 스파이크)

양모꽃

촛불 맨드라미와 깃털 맨드라미는 머리가 뾰족하고 솜털이 나 있으며 빨간색, 주황색, 노란색 등 다양한 색상이 있다.

가용 시기
여름

손질법
맨드라미의 줄기는 매우 부드러우니 부러지지 않도록 시원한 물이 담긴 꽃병에 넣어두는 것이 가장 좋다. 맨드라미는 대체로 꽃꽂이에서 오래 지속하는 훌륭한 절화용 식물이다.

흥미로운 사실
맨드라미의 잎은 식용이 가능하며 시금치 맛이 난다. 맨드라미는 종종 혈액 질환이나 구강 질환, 눈 질환, 장내 기생충을 치료하는 데 약으로 쓰이기도 한다. 꽃은 설사에 도움이 되고 씨앗은 호흡기 질환을 치료하는 데 사용할 수 있다. 단 섭취하기 전에 의사와 상담하기를 권한다.

Cherry Blossom(*Prunus* spp.)

벚꽃(프루누스종)

사쿠라, 일본 벚꽃, 요시노 벚꽃

대표적인 분홍색 벚꽃은 사쿠라나 일본 벚꽃으로 알려져 있다. 인기가 많은 흰색 품종은 요시노 벚꽃으로 알려져 있다.

가용 시기
봄, 7일 또는 14일 동안만

손질법
나무줄기를 아래쪽에서 2.5cm 정도 쪼갠 다음 뜨거운 물에 넣으면 꽃이 피는 데 도움이 된다. 꽃이 피면 꽃이 가지에 잘 붙어 있도록 물을 분사한다.

흥미로운 사실
매년 150만 명이 넘는 사람들이 벚꽃을 보기 위해 워싱턴DC를 찾는다. 한편 일본인들은 예로부터 벚꽃을 재생의 상징이자 짧지만 아름다운 삶의 상징으로 여겨왔다. 일본인들은 벚꽃 시즌이 되면 가족이나 친구들과 함께 '꽃구경'이라는 뜻을 지닌 '하나미'라는 야외 축제를 즐긴다.

Chrysanthemum, Cremon

국화, 크레몬

네덜란드 풋볼 국화

크레몬 국화는 꽃잎이 길고 부드럽고 둥글며 꽃병 수명이 길기로 유명하다. 크레몬은 인기가 많지만 구하기 어려워진 풋볼 국화와 가까운 네덜란드의 품종으로, 풋볼 국화의 대체재로 활용하기 좋다. 다른 변종은 거미 국화로, 꽃잎의 길이가 더 길고 다양하며 끝이 말려 있다.

가용 시기
연중 내내. 특히 가을에 인기가 많다.

손질법
국화는 14일 이상 지속하는 가장 오래가는 절화에 속한다. 꽃병에 넣기 전에 잎을 모두 제거했는지 확인한다. 국화는 에틸렌 가스를 많이 방출하기 때문에 난초나 카네이션처럼 에틸렌에 민감한 꽃과는 거리를 둔다.

흥미로운 사실
전 세계에서 판매되는 절화의 15%가 국화다.

Chrysanthemum, Spider Mum
국화, 거미

거미 국화는 국화과에서 매혹적인 매력을 지닌 꽃이다. 꽃잎이 거미 다리처럼 길고 좁아서 거미 국화라는 이름을 얻었다. 거미 국화는 모양과 크기, 색상이 다양하며 흰색, 노란색, 주황색, 빨간색, 분홍색, 라벤더색 등이 있다.

가용 시기
연중 내내

손질법
거미 국화는 오래간다. 황변하지 않도록 잎을 제거하고 물을 충분히 흡수할 수 있도록 줄기를 사선으로 자른다. 실온의 물에 표백제를 몇 방울만 떨어뜨리면 악취가 나는 것을 방지할 수 있다. 거미 국화의 끝을 잘 다듬고 물을 신선하게 유지하면 꽃병 수명이 14일 정도다.

흥미로운 사실
아시아에서 거미 국화는 장수와 행복한 삶을 상징한다.

Chrysanthemum, Spray

국화, 스프레이

폼폼형 국화, 단추 국화

스프레이 국화의 꽃은 개방적이고 작은 편이며, 꽃잎이 촘촘하게 모여 있어 미니어처 폼폰이 피어나는 모습을 보여준다. 스프레이 국화는 수천 가지 색상이 있지만 주로 빨간색이나 노란색, 흰색, 녹색과 같은 1차 색과 2차 색이 많다.

가용 시기
연중 내내. 특히 가을에 인기가 많다.

손질법
국화는 14일 이상 지속하는 가장 오래가는 절화에 속한다. 꽃병에 넣기 전에 잎을 모두 제거했는지 확인한다. 국화는 에틸렌 가스를 많이 방출하기 때문에 난초나 카네이션처럼 에틸렌에 민감한 꽃과는 거리를 둔다.

흥미로운 사실
국화 잎과 꽃은 먹을 수 있다. 중국 요리에서는 잎을 찌거나 삶아서 잎채소로 먹는다. 국화차도 중국에서 즐겨 마시는 풍미 있는 음료이며, 여러모로 건강에 좋다.

Clematis
클레마티스

노인의 수염

클레마티스는 독특하게 별 모양의 꽃을 피우며 분홍색, 빨간색, 파란색과 더불어 보라색과 밝은 흰색 계열의 여러 색상이 있다. 꽃잎이 다섯 개 이상인 겹꽃을 재배하는 화훼 농가도 있다.

가용 시기
여름

손질법
클레마티스 덩굴은 훌륭한 절화용 꽃이 되며, 줄기를 날카로운 칼로 자른 후 뜨거운 물이 담긴 꽃병에 넣으면 10일 이상 지속한다. 꽃은 반 정도 피어 있고, 수술이 펼쳐지지 않은 상태로 뭉쳐 있어야 한다. 완전히 피어난 꽃도 절화로 활용할 수 있지만 오래가지는 않는다. 특별한 행사를 위한 꽃꽂이를 준비할 때는 다양한 단계의 꽃을 활용하면 자연스러운 분위기를 낼 수 있다. 클레마티스 꽃이 처질 때는 줄기를 다시 자르고 꽃에 물을 뿌리면 되살아난다.

흥미로운 사실
클레마티스 덩굴은 유연하고 내구성이 뛰어나 꽃다발이나 화환을 만들 때 좋다. 나무줄기에는 공기가 통과하는 큰 혈관이 있다. 클레마티스 줄기를 조각내어 시가처럼 피우는 것이 취미로 여겨진 때도 있었다.

Columbine(*Aquilegia* spp.)

매발톱꽃(칼럼바인)(아퀼레지아종)

할머니의 보닛

매발톱꽃은 다섯 개의 꽃잎이 달린 꽃이 특징인데, 밝은 색의 기다란 발톱 모양의 꽃잎이 뒤로 뻗어 주머니 같은 형태를 하고 그 안에 꿀을 담고 있다. 여러해살이풀인 매발톱꽃은 70여 종이 넘고 색상도 다양하며, 이른 봄에 고도가 높은 들판에서 쉽게 볼 수 있다.

가용 시기
봄

손질법
잎을 제거하고 줄기를 자른 후 뜨거운 물에 넣는다. 꽃에 물을 분사해도 좋다.

흥미로운 사실
칼럼바인이라는 이름은 '비둘기'를 뜻하는 라틴어 '콜룸바(columba)'에서 유래했다.

Coreopsis
금계국 (코레옵시스)

기생초

밝고 행복한 분위기를 풍기는 작은 꽃과 길고 강인한 줄기로 이루어진 금계국은 매력적인 식물이다. 일반적으로는 노란색이 많지만, 빨간색, 주황색, 적갈색, 라벤더색 등 다양한 색상의 꽃이 피며 두 가지 색으로 피는 꽃도 있다. 기생초라는 명칭은 금계국 씨앗의 한쪽 끝에 가시가 있고 다른 쪽 끝은 작은 머리 모양을 하고 있어 기생 진드기가 모여 있는 것 같다는 데서 유래했다. 금계국의 잎에서는 딜과 비슷한 허브 향이 난다.

가용 시기
늦봄부터 초가을까지

손질법
금계국은 매우 환하고 야생화 느낌이 나는 훌륭한 여름 절화다. 꽃병 수명을 연장하려면 물 안에 잠기는 부분의 잎을 모두 제거하고 그 위의 잎도 대부분 제거한다. 흐르는 물과 대각선 방향이 되게 줄기를 잘라 기포가 생기지 않도록 하고 미지근한 물에 몇 시간 정도, 혹은 하룻밤 동안 담가둔다.

흥미로운 사실
아메리카 원주민은 금계국 꽃을 차로 끓여서 류머티즘이나 설사, 복통을 치료하는 데 사용했다. 금계국이 번개에 맞지 않게 보호해준다고 믿는 사람들도 있었다. 금계국은 방충제로도 사용되었다. 북미로 건너온 유럽인들은 말린 금계국을 매트리스에 채워 넣어 빈대를 쫓았다.

Coriander(*Coriandrum sativum*)

고수(코리안드룸 사티붐)

컨페티 꽃, 실란트로

고수는 꽃이 매우 달콤하고, 꽃잎이 흰색이나 아주 옅은 분홍색이다. 사실 고수는 꽃보다는 허브로 더 인기가 있지만, 꽃이 가볍고 바람에 흩날리는 느낌이 있어 창의적인 꽃꽂이에 잘 어울린다.

가용 시기
여름

손질법
잎을 모두 제거하고 줄기를 사선으로 자른 다음 꽃에 물을 분사하고 뜨거운 물에 넣어둔다.

흥미로운 사실
고수는 전 세계적으로 널리 사용되는 허브다. 고수는 과카몰리에 넣어 먹으면 맛있을 뿐 아니라 당뇨 환자의 높은 혈당 수치를 조절하고 소화 장애에도 도움이 된다. 고수는 높은 콜레스테롤 수치나 구내염, 관절 통증, 치질 치료에도 사용되고 있다.

Cornflower(Centaurea cyanus)
# 수레국화(콘플라워)(센토레아 시아누스)

총각 단추

수레국화는 파란색, 적갈색, 분홍색, 빨간색, 보라색, 흰색 계열의 다양한 색상이 있다. 파란색을 제외하고 나머지 색상은 모두 선발 육종으로 만들어졌다. 수레국화는 홑꽃과 겹꽃을 모두 피울 수 있다.

가용 시기
여름

손질법
수레국화는 잎을 모두 제거하면 꽃병 수명이 약 10일 정도다. 들꽃인 수레국화는 금세 냄새가 나서 물을 자주 갈아주는 것이 좋다.

흥미로운 사실
수레국화는 옥수수밭에서 야생으로 자라는 경우가 많아서 콘플라워라는 이름이 생겼다. 총각 단추라는 별명은 남성이 연애를 하거나 결혼할 준비가 되었을 때 양복 단춧구멍에 수레국화를 꽂는 오래전 관습에서 유래했다.

Cotinus
안개나무 (코티누스)

안개 덤불, 구름 나무, 가발 나무

안개나무의 잎은 보라색, 적갈색, 녹색 등으로 다양하다. 늦봄이 되면 가지 끝에 안개 같은 보랏빛 분홍색의 꽃망울이 뭉게뭉게 피기 시작한다.

가용 시기
여름부터 초가을까지

손질법
안개나무는 가뭄에 잘 견디며 물 없이도 오랜 시간 동안 생기 있는 모습을 유지할 수 있다. 안개나무 꽃을 그대로 두면 (회전초를 닮은) 드라이플라워가 되고, 컬러 스프레이로 색을 입힐 수도 있다.

흥미로운 사실
안개나무의 잎은 가장자리에 붉은 잎맥이 있다. 잎을 으깨면 오렌지 껍질 냄새가 난다. 깃털 같은 모양새를 규모가 큰 꽃꽂이에 활용하면 꽃구름을 만들 수 있다. 결혼식 장식으로도 사랑받는 디자인이다.

Craspedia

골든볼(크라스페디아)

빌리 단추, 빌리 공, 솜뭉치, 골든 드럼스틱

독특하게 생긴 골든볼의 두드러지는 특징은 줄기의 꼭대기마다 작은 꽃들이 대칭 형태로 무리를 지어 만들어낸 선명한 공 모양이다. 플로리스트들은 꽃꽂이에 재미난 질감과 화사한 색감을 더할 때 노란 공 모양을 즐겨 사용한다.

가용 시기
여름

손질법
골든볼은 말린 것이나 신선한 것이 거의 똑같으니 가격이 괜찮을 때 넉넉히 구매해 비축해두자. 이 꽃은 도착하면 이미 말라 있기 때문에 물올림을 할 필요가 없다. 재미 요소를 더하기 위해 다른 색으로 염색하는 플로리스트도 많다.

흥미로운 사실
구 형태의 골든볼 꽃 머리는 테니스공 크기에 달하기도 하며 수학적으로 완벽하다. 각 구 안에 배열된 작은 꽃들은 피보나치의 황금나선을 완벽하게 재현한다.

Curly Willow(*Salix matsudana*)

용버들(살릭스 마츠다나)

북경 버드나무, 코르크 마개 따개 버드나무

용버들은 가지가 빙글빙글 회전하며 꼬이는 독특한 모습으로 자란다. 잎은 여름에는 녹색, 가을에는 노란색이다.

가용 시기
연중 내내

손질법
물속에서 줄기를 자르고, 꽃병에 담긴 물에 가정용 표백제를 약 4분의 1 티스푼 넣고 꽂아둔다. 구불구불한 모양 자체만으로 매력적이어서 꽃병에 가지만 꽂아도 충분하다. 생화로도, 말려서도 사용할 수 있다.

흥미로운 사실
용버들 나무껍질에서 살리실산이 발견되는데, 이 껍질은 아스피린이 개발되기 전부터 오랫동안 진통제와 해열제로 사용되었다.

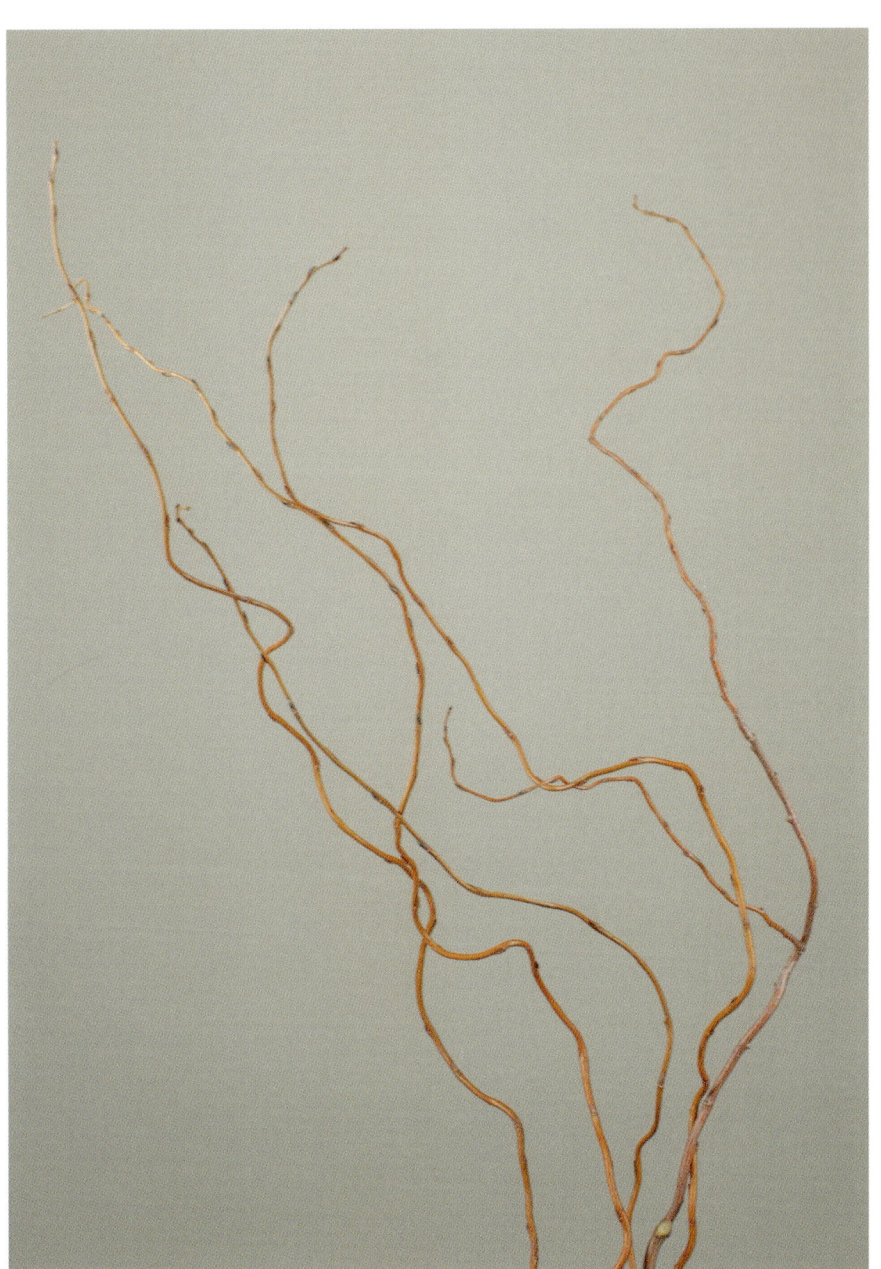

Dahlia, Standard

달리아, 스탠더드

달리아는 색상과 질감이 다양하다. 정원에 심는 꽃으로 인기가 많은 달리아의 품종은 6만 가지가 넘는다. 빨간색, 보라색, 주황색, 노란색, 흰색, 산호색, 분홍색 등 상상할 수 있는 색상은 모두 있다.

가용 시기
늦여름부터 첫서리까지

손질법
달리아는 서늘한 날씨와 차가운 물을 좋아한다. 줄기를 칼로 자르고 항균제를 넣은 찬물에 담가둔다. 달리아 꽃잎은 매우 빨리 시드는 편이다. 수분을 계속 흡수할 수 있게 꽃에 직접 물을 뿌려주는 것이 가장 좋다.

흥미로운 사실
달리아는 파란색 외의 모든 색상이 있으며, 육종가들이 파란색 꽃을 피우는 달리아를 만들기 위해 노력하고 있다. 달리아의 꽃은 가끔 얼굴을 90도 각도로 보여주기도 하는데, 이 때문에 작업하기가 까다로울 수도 있다. 따라서 여러 꽃을 혼합해 꽃꽂이할 때는 달리아를 마지막에 꽂는다.

Dahlia, Café au Lait
달리아, 카페오레

달리아는 무지개 빛깔처럼 다양한 색상과 품종이 있다. 카페오레 달리아는 지름이 25cm에 달하기 때문에 디너 접시라는 별명이 생겼다.

가용 시기
늦여름부터 첫서리까지

손질법
카페오레 달리아는 2~3일 정도만 지속하며 날씨가 너무 더우면 시들 수 있으니 유의한다.

흥미로운 사실
카페오레 달리아는 크기가 클수록 우수하게 여긴다. 이 꽃은 아주 크게 자랄 수도 있다. 크게 자라는 다른 품종으로는 스파르탄과 래버린스가 있다.

Dahlia, Curved Petal

달리아, 둥글게 말린 꽃잎

폼폰 달리아

달리아를 다채롭게 만드는 것은 색상만이 아니다. 다양한 형태로 자라는 것도 달리아의 특징이다. 폼폰 달리아는 꽃잎이 둥글게 말려 있고 둥그스름하게 공 모양으로 자란다.

가용 시기
늦여름부터 첫서리까지

손질법
달리아는 서늘한 날씨와 차가운 물을 좋아한다. 줄기를 칼로 자르고 항균제를 넣은 찬물에 담가둔다. 달리아 꽃잎은 매우 빨리 시드는 편이다. 수분을 계속 흡수할 수 있게 꽃에 직접 물을 뿌려주는 것이 가장 좋다.

흥미로운 사실
달리아는 멕시코의 국화다. 오늘날 볼 수 있는 달리아는 멕시코와 과테말라의 산지에서 온 것으로 알려진다. 16세기에 멕시코를 정복한 스페인들이 달리아 알뿌리를 채취해 본국으로 가져갔다.

Daisy, Gerber(*Gerbera* spp.)

거베라(거베라종)

납작하게 생긴 거베라는 어느 절화보다 종류가 많다. 꽃의 중심부가 흰색, 녹색, 갈색, 검은색 등이고, 꽃잎이 흰색, 빨간색, 주황색, 노란색, 분홍색, 라일락색, 보라색, 두 가지 색 등 다양하지만 파란색은 없다. 파란색 꽃잎이 있다면 조화일 것이다. 꽃잎은 평평하기도 하고, 말려 있기도 하다. 거베라 꽃은 사실 수백 개의 작은 꽃이 모여 있는 꽃송이다.

가용 시기
연중 내내

손질법
거베라의 줄기는 가느다란 것으로 유명하다. 그래서 쉽게 쓰러지고 부러지기 때문에 디자인할 때 문제가 될 수 있다. 줄기 주변에 지지대가 붙어 있다면 그대로 두어야 한다. 지지대가 없는 경우에는 줄기에 와이어를 감아 똑바로 세울 수 있다. 거베라의 꽃병 수명은 최대 14일이다.

흥미로운 사실
침대 옆에 거베라를 꽂은 꽃병을 놓아두면 밤에 숙면을 취할 수 있다. 대부분의 꽃이 낮에 이산화탄소를 흡입하고 산소를 내뿜는 것과 달리, 거베라는 밤에 이산화탄소를 흡입하고 산소를 내뿜는다.

Delphinium
델피니움

델피니움은 키가 큰 편으로 높이 약 90cm까지 자랄 수 있다. 꽃은 톱니바퀴처럼 생겼으며 분홍색, 파란색, 페리윙클색, 보라색, 흰색 등 다양한 색상이 있다. 자연적으로 푸른색을 띠는 큰 꽃이 많지 않아서 전 세계에서 플로리스트에게 가장 많이 팔리는 꽃에 속한다. 아메리카 원주민은 파란색 염료를 만들 때 델피니움을 사용했다.

가용 시기
초봄부터 초여름까지

손질법
꽃이 3분의 1 이상 피어 있는 줄기를 고른다. 델피니움은 빨대처럼 줄기 속이 비어 있으므로 줄기를 칼로 잘라 뜨거운 물에 담근 후 분무기로 꽃에 물을 뿌린다. 꽃병에 표백제를 한 방울 떨어뜨리면 줄기가 끈적해지며 물을 오염시키는 것을 방지할 수 있다. 델피니움의 꽃병 수명은 7일이다.

흥미로운 사실
고대에는 전갈이나 이, 기타 기생충을 퇴치하는 데 델피니움을 사용했으며 이 꽃이 번개나 눈병, 심지어는 마녀로부터 보호해준다고 여겼다. 델피니움은 델피닌이라는 알칼로이드를 분비하기 때문에 사람이나 동물에 해롭고, 심각한 질병과 마비를 유발하거나 호흡 곤란으로 사망까지 이르게 할 수도 있으므로 델피니움을 만진 후에는 반드시 손을 씻어야 한다.

Dense, Blazing Star *(Liatris spicata)*

기린 리아트리스
(덴스, 블레이징 스타)(리아트리스 스피카타)

블레이징 스타, 게이페더

기린 리아트리스는 수상꽃차례에 피는 기다랗고 화려한 꽃 덕분에 타오르는 별이라는 뜻으로 블레이징 스타라는 이름을 얻었으며, 병 세척용 솔을 닮았다. 풀잎처럼 생긴 선형의 잎은 아래쪽은 모여 있으며 촘촘하게 핀 화려한 꽃송이 쪽으로 줄기를 따라 올라가면서 넓게 펼쳐진다. 기린 리아트리스는 다른 꽃들과 달리 꽃이 위에서 아래로 내려오면서 피어나며, 색상은 흰색이나 분홍색, 보라색이다. 목초지나 초원에 피는 꽃으로 알려진 리아트리스속에 속하는 식물이다.

가용 시기
여름부터 초가을까지

손질법
기린 리아트리스는 위쪽 꽃은 피고 아래쪽 꽃은 피지 않았을 때 수확하는 것이 가장 좋다. 몇 주에 걸쳐 꽃대에 있는 꽃이 전부 필 때까지 계속해서 피어난다. 위쪽의 오래된 꽃이 시들기 시작할 때 잘라내면 아래로 내려가며 계속해서 꽃이 새롭게 핀다. 기린 리아트리스는 캐주얼한 꽃병의 꽃꽂이에 질감과 수직적 구조를 더해주는 훌륭한 소재이며 여름 웨딩 부케에 자주 사용된다.

흥미로운 사실
아메리카 원주민들은 기린 리아트리스의 뿌리를 갈아서 해열제나 두통, 관절염, 귀의 통증을 완화하는 진통제로 썼다. 잎은 배탈을 치료하거나 살균 세척을 할 때 사용했다.

Dianthus, Green Trick

패랭이꽃, 그린 트릭

녹색 공, 구형 카네이션

동그란 형태에 보송보송한 녹색 꽃이 특징인 그린 트릭은 패랭이꽃의 특별한 품종으로 사실 꽃이 피지 않는다. 꽃처럼 보이는 부분은 실제로는 카네이션과 비슷하게 튼튼한 줄기 위에 올라온 부드러운 꽃실이다. 스위트 윌리엄과 매우 흡사해 보이지만 사실은 다르다. 가까운 사촌쯤으로 부를 수 있겠다.

가용 시기
연중 내내

손질법
그린 트릭은 다른 카네이션처럼 잎을 제거하고 물을 자주 갈아주면 14일 동안 신선하고 건강한 모습을 유지한다.

흥미로운 사실
돌연변이 같은 그린 트릭은 원래 꽃을 피우지 않는다는 이유로 육종 분야에서 쓰이지 않던 품종이었다. 자연의 실수가 플로리스트에게는 행운이 되었다.

Dianthus, Single Carnation
패랭이꽃, 싱글 카네이션

일반 카네이션, 신들의 꽃

싱글 카네이션의 자연색은 분홍빛이 도는 보라색이지만, 이제는 선택적 육종 덕분에 상상할 수 있는 모든 색상이 나온다. 싱글 카네이션은 긴 줄기 끝에 섬세한 겹꽃 하나가 피며, 꽃병 수명이 매우 길기 때문에 인기가 많다. 교잡종으로 만들어지며 무지개처럼 다양한 색으로 염색되기도 한다. 보통은 비용이 합리적이다.

가용 시기
연중 내내

손질법
카네이션은 가장 과소평가된 꽃이다. 잎을 제거하고 2~3일에 한 번씩 물을 갈아주면 14일 동안 신선한 상태를 유지할 수 있다.

흥미로운 사실
카네이션은 매우 은은하고 아름다운 향기가 난다. 정향과 풀의 향을 연상시키는 부드럽고 매콤한 향이 나는데, 과소평가된 카네이션을 구매해야 하는 한 가지 이유가 된다. 카네이션을 어떻게 활용해야 할지 고민이라면 꽃병에 20~30송이를 꽂아보자. 예상외로 강렬한 인상을 줄 수 있다.

Dianthus, Spray Carnation

패랭이꽃, 스프레이 카네이션

스프레이 카네이션은 싱글 카네이션의 작은 형태로 꽃대 하나에 여러 개의 꽃이 핀다. 교잡종이나 염색으로 마법 같은 색상을 다양하게 표현한다.

가용 시기
연중 내내

손질법
다른 카네이션과 마찬가지로 14일 동안 신선하게 유지할 수 있다. 잎을 제거하고 물을 자주 갈아주기만 해도 박테리아가 지나치게 증식하는 것을 막을 수 있다.

흥미로운 사실
이 품종은 향기가 잘 나지 않는다.

Dianthus, Sweet William

패랭이꽃, 스위트 윌리엄

스위트 윌리엄은 녹색 왕관 모습에서 밝은 색의 작은 꽃 여러 개가 피어난다.

가용 시기
연중 내내

손질법
카네이션의 일종인 스위트 윌리엄은 다른 카네이션과 비슷하게 14일 동안 신선하게 유지할 수 있다. 잎을 제거하고 물을 자주 갈아주기만 하면 된다.

흥미로운 사실
스위트 윌리엄은 그린 트릭 카네이션에 꽃이 핀 버전으로, 둘의 유일한 차이점은 하나는 꽃이 피고 하나는 그렇지 않다는 것이다. 아이러니하게도 꽃이 없는 쪽이 꽃이 피는 쪽보다 훨씬 더 인기가 많다.

Dusty Miller(*Jacobaea maritima*)
백묘국(더스티 밀러)(야코베아 마리티마)

은가루, 은래그워트, 갯래그워트

재미있게 생긴 백묘국의 잎은 은회색이고 솜털이 보송보송하게 나 있어서 실제로는 여름에 꽃을 피우지만 겨울 꽃꽂이에 훌륭하게 어울린다.

가용 시기
연중 내내

손질법
백묘국은 수분을 '많이' 필요로 한다. 줄기의 껍질을 벗기고 잎이 젖어 있을 때 원뿔 모양으로 둘러싸기 한다. 둘러싸기를 한 후에는 껍질 벗긴 줄기를 매우 뜨거운 물에 넣는다.

흥미로운 사실
녹색만으로는 부족하다고 느껴지는 꽃꽂이에 백묘국을 활용하면 기품이 생긴다. 밝은 은빛의 잎과 밝은 색의 꽃의 대비가 잘 어우러지며 특히 분홍색이나 연분홍색, 흰색과 잘 어울린다.

Echinacea

에키나세아

콘플라워

에키나세아는 중앙이 원뿔 모양으로 솟아 있고 색감이 화려한 데이지 꽃이다. 보라색이 가장 많지만 분홍색, 빨간색, 주황색, 흰색, 노란색 등 색이 다양하다. 대부분 홑꽃이지만 꽃잎이 이중이나 삼중으로 피는 겹꽃도 있다. 가느다란 줄기는 거친 털로 덮여 있다.

가용 시기

초여름부터 초가을까지

손질법

잎을 제거하고 줄기를 사선으로 자른다. 따뜻한 물에 항균제를 섞은 용액에 두 시간 동안 물올림 한 후 꽃꽂이한다. 에키나세아의 꽃잎은 쉽게 마르고 금세 시들지만, 중심부는 7~10일간 활용할 수 있고 드라이플라워로도 가능하다.

흥미로운 사실

보라색 에키나세아는 면역 체계 향상을 위한 허브차의 주원료다. 물이 부족할 때 보라색 에키나세아의 뿌리를 먹으면 갈증을 해소하는 데 도움이 된다는 이유로 개척자들이 갈증 식물이라는 별명을 붙였다.

Eremurus
에레무루스

여우꼬리 백합, 사막의 촛불

에레무루스는 병 세척용 솔 모양으로 생긴 인상적인 꽃으로 높이가 210cm를 넘을 때까지 자라기도 한다. 꽃은 흰색, 분홍색, 노란색, 주황색이 있다.

가용 시기
늦봄부터 초여름까지

손질법
줄기를 자르고 항균 처리한 실온의 물에 담근다. 예상 꽃병 수명은 평균 10일 정도다. 에레무루스는 수명이 꽤 길기 때문에 물을 자주 갈아줘야 한다.

흥미로운 사실
에레무루스는 사실 아래에서 위로 피는 꽃 수천 개로 이루어져 있다. 거대한 수상 꽃차례는 규모가 큰 꽃꽂이나 행사용 꽃꽂이에 강렬한 인상을 줄 수 있는 아주 훌륭한 소재다.

Eryngium
에린기움

시 홀리, 파란 엉겅퀴

꽃피는 허브 종류의 에린기움은 세련된 색과 독특한 모양으로 높이 평가받는다. 은색, 녹색, 파란색, 보라색 계열의 잎이 아래쪽에 있고, 그 위로 가시 포엽(변형된 잎)으로 둘러싸인 엉겅퀴 모양의 꽃 머리가 있다. 각 꽃은 작은 청보라색 꽃의 집합체다.

가용 시기
연중 내내

손질법
줄기를 45도 각도로 자르고 물에 잠기는 부분의 잎은 모두 떼어낸다. 실온의 물로 물올림 한다. 꽃대를 최대 2일 정도 냉장 보관하면 색이 더욱 선명해진다. 에린기움은 실리카겔을 활용해 건조해도 된다.

흥미로운 사실
에린기움은 거의 모든 색상 팔레트에 어울리고 시각적인 재미를 더해주는 다재다능한 필러 꽃이다. 약초 의학에서 에린기움 뿌리는 기침과 간 질환을 치료할 때나 이뇨제와 흥분제 역할을 하는 강장제에 사용되고 있다.

Eucalyptus
유칼립투스

꽃꽂이 디자인에는 여러 종류의 유칼립투스가 사용되지만, 가장 인기 있는 것은 시드 유칼립투스와 베이비 블루, 실버 달러(사진)이다. 유칼립투스 잎은 맛있는 냄새가 나고 은빛 나는 청색이나 회색빛의 녹색 등 멋스러운 색상을 지닌 훌륭한 필러다.

가용 시기
연중 내내

손질법
유칼립투스는 기름진 식물로 다른 소재와 달리 물을 흡수하지 않는다. 그러나 줄기를 잘라서 아주 뜨거운 물에 담근 후 잎에 물을 뿌려주면 싱싱해 보이게 해준다.

흥미로운 사실
유칼립투스 나무는 높이가 10m부터 60m 이상까지 이른다. 호주 원주민들은 유칼립투스를 발열이나 상처, 관절통, 기침, 심지어는 천식을 치료할 때 사용한다. 잎에서 추출한 에센셜 오일은 살균, 항염, 항균 효과가 있다.

Fern

양치식물

양치식물은 색상이나 잎 모양, 두께가 다양하다. 경쾌한 녹색을 띠고 뾰족한 삼각형 모양을 한 칼 고사리와 열대 고사리는 튼튼하고 색이 잘 변하지 않아 꽃꽂이용으로 아주 좋은 선택이다.

가용 시기
연중 내내

손질법
물속에 잠길 잎은 모두 떼어낸다. 양치식물은 꽃꽂이의 중립적인 배경 요소로 훌륭한 역할을 한다. 크거나 화려한 꽃 사이사이에 간격을 주고, 요소 간에 대비를 주고, 작은 꽃과 함께 풍성하게 만들 때 활용한다. 양치식물의 꽃병 수명은 7~10일 정도다.

흥미로운 사실
양치식물은 전통적인 꽃꽂이에 야생화 느낌을 더해 더욱 돋보이게 만들어준다. 양치식물은 숲에서 야생으로 자라는 경우가 많기 때문에 꽃다발에 자연스러운 느낌을 줄 수 있다.

Forsythia

개나리

골든 벨

개나리는 봄을 알리는 첫 신호이며, 잎이 나기 전에 종 모양의 밝은 노란 꽃이 먼저 피어난다. 잎도 매력적이지만 개나리의 진정한 매력은 가지가 노랗게 빛날 때다.

가용 시기

봄

손질법

개나리는 화려하고 훌륭한 절화다. 꽃을 피우기 위해 봄이 될 때까지 기다릴 필요는 없다. 줄기 몇 개를 잘라 따뜻한 물에 담그면 꽃을 피우게 할 수 있다. 일반적으로 약 7일 후에 꽃이 핀다. 물을 지속적으로 신선하게 유지하면 꽃병 수명은 최대 21일이다.

흥미로운 사실

개나리는 올리브와 같은 과에 속한다. 노란 꽃은 먹을 수 있으며 샐러드나 가니시에 경쾌한 색을 더할 수 있다. 시럽이나 차를 만드는 데도 활용할 수 있다.

Freesia
프리지어

프리지어의 꽃은 섬세한 모습과 밝은 색상, 멋진 향기로 유명하다. 종 모양의 프리지어 꽃은 글라디올라와 비슷하게 칼 모양의 잎이 달린 중앙 꽃대에서 피어난다. 흰색, 분홍색, 노란색, 아름다운 연분홍색 등 다양한 색상이 있다. 줄기는 높이가 보통 30cm 정도다.

가용 시기
연중 내내

손질법
줄기가 곧고 꽃봉오리가 7개 이상 있으며 꽃이 몇 개만 살짝 핀 것으로 고른다. 피지 않은 꽃과 잎을 모두 부드럽게 제거하여 줄기가 드러나게 한다. 피지 않은 꽃봉오리는 연약하므로 조심해야 한다. 줄기를 사선으로 자르고 따뜻한 물이 담긴 꽃병에 넣어둔다. 잘라낸 꽃봉오리는 피어나지는 않지만 어떤 꽃꽂이에 더해도 훌륭한 소재가 될 수 있다.

흥미로운 사실
프리지어는 좌우 대칭형으로, 꽃이 꽃대의 한쪽 면에서만 자란다. 프리지어에서는 달콤한 풀을 연상시키는 신선한 향이 향긋하게 난다. 향이 강한 프리지어를 원한다면 분홍색과 빨간색 품종을 찾아보자.

Fritillaria
패모 (프리틸라리아)

체크무늬 백합, 여우의 포도

패모는 큰 것부터 작은 것까지 크기가 다양하고, 빨간색, 주황색, 노란색, 보라색, 체크무늬가 있는 흰색 등 색상이 강렬하다. 갈색과 주황색 반점이 있는 녹색, 보라색 줄무늬가 있는 녹색, 가장자리가 노란 암적색 등 신기한 변종도 있다.

가용 시기
겨울부터 초여름까지

손질법
섬세하고 유쾌한 종 모양이 눈길을 사로잡는 패모는 특히 다른 봄꽃과 함께 특징 있는 꽃병에 꽂으면 화려한 분위기를 연출할 수 있다. 다 함께 눈에 띄는 특징이 있기 때문이다. 초봄에 피는 꽃이고 줄기가 부드러우니 찬물에 담가둔다.

흥미로운 사실
꽃의 향기가 마리화나 냄새와 비슷해서 플로리스트들은 패모를 마리화나 꽃이라고 부르기도 한다. 패모는 최근 플로리스트 사이에서 큰 인기를 끌고 있어 가격대가 다소 높을 수 있다.

Fritillaria, Crown Imperial

패모(프리틸라리아), 크라운 임페리얼

크라운 임페리얼(또는 프리틸라리아 임페리얼리스)은 줄기 꼭대기에 달린 꽃이 고개를 떨군 채 아름답게 피어 있고 그 위로 작은 잎들이 왕관 모양을 만들고 있는 모습에서 이름을 얻었다. 줄기를 따라 광택 나는 창 모양의 잎이 달려 있다. 크라운 품종에는 페르시카, 임페리얼리스 막시마, 페르시카 그린 드림스, 크라운 임페리얼 옐로 등이 있다. 빨간색, 주황색, 노란색 계열의 색상이 있다.

가용 시기
봄

손질법
키가 큰 패모 품종은 줄기에 섬세한 잎이 많이 달려 있는데, 보통 운송 중에 손상되지 않으면 그대로 둔다. 잎이 손상되었다면 제거해야 한다. 패모는 줄기가 부드럽기 때문에 물올림 할 때 물이 차가워야 한다.

흥미로운 사실
큰 키에 수려한 아름다움을 지니고 있을 뿐 아니라, 톡 쏘는 냄새로 설치류를 쫓아내기 때문에 정원사들은 크라운 임페리얼을 좋아한다.

Ginger(*Etlingera elatior*)

생강(에틀린게라 엘라티오르)

횃불 생강, 생강 백합

생강은 타조의 깃털 모양을 닮은 것으로 잘 알려져 있는데, 밝은 빨간색이나 분홍색으로 나타나는 이 부분은 사실은 꽃이 아니라 포엽이다. 생강의 실제 꽃은 작으며 흰색이다.

가용 시기
연중 내내

손질법
생강은 꽃꽂이에서 시선을 끄는 역할을 하며 꽃병 수명이 7~14일 정도다. 생강을 오래 보고 싶다면 이틀에 한 번씩 물을 갈아주고 생강 꽃 전체를 실온의 물에 10분 정도 담가둔다. 물에서 꺼낸 후 꽃병에 다시 꽂기 전에 줄기 끝을 1.3cm 정도 잘라낸다.

흥미로운 사실
생강은 우아한 꽃송이와 매혹적인 향기, 다양한 모양과 크기 덕분에 꽃꽂이에서 포인트가 되는 근사한 꽃이다. 생강 꽃은 식용 생강과는 별도로 재배된다.

Gladiolus
글라디올러스

칼 백합

글라디올러스는 기다란 꽃대에 아름답고 밝은 색의 나팔 모양 꽃이 줄을 지어 핀다. 플로리스트들은 글라디올러스의 수상꽃차례를 활용해 꽃꽂이에 강렬한 색감을 더하고 수직적인 느낌을 살린다.

가용 시기
여름

손질법
꽃봉오리가 몇 개 정도는 4분의 1 이상 피어난 것을 고른다. 줄기를 사선으로 잘라 따뜻한 물이 담긴 용기에 꽂아둔다. 꽃꽂이하기 전에 서늘하고 어두운 곳에 두면 꽃병 수명을 연장할 수 있다. 며칠에 한 번씩 각 꽃대를 2.5cm씩 자르고, 아래쪽 꽃이 시들면 잘라낸다.

흥미로운 사실
글라디올러스라는 이름에는 칼을 들고 싸웠던 로마 검투사들에게 경의를 표하는 뜻이 담겨 있다. 이 꽃은 첫눈에 반한 사랑을 상징하며 꽃다발이나 꽃병에 더하면 화려한 분위기를 연출한다.

Gloriosa Lily(*Gloriosa* spp.)

글로리오사(글로리오사종)

모닥불 백합, 불꽃 백합, 잠입하는 백합, 고양이 발

글로리오사는 실제로 백합은 아니고 가을 크로커스과에 속한다. 분홍색과 노란색의 꽃잎 6개가 따로따로 떨어져 있고 갑작스러운 돌풍에 뒤집힌 우산처럼 꽃의 안팎이 바뀌어 보인다. 시간이 흐르면 꽃잎과 6개의 수술이 장미색으로 변한다. 소형 종을 비롯해 노란색, 불그스름한 노란색, 진한 빨간색 등 다른 품종도 있다.

가용 시기
늦봄부터 가을까지

손질법
눈길을 사로잡는 글로리오사는 오래가는 우수한 절화다. 꽃꽂이에 조형미를 더해주며, 단독으로 활용해도 대담한 분위기를 연출한다. 글로리오사의 밝은 주황색 꽃가루는 지워지지 않는 얼룩을 남길 수 있으니 유의한다. 이 때문에 수술 끝에 꽃가루가 있는 꽃밥을 제거하는 플로리스트들도 있다.

흥미로운 사실
글로리오사의 모든 부위는 유독하며, 특히 씨앗과 덩이줄기가 해로우니 주의를 기울여 작업하고 반려동물과 어린이가 입에 넣지 않도록 유의한다. 야생 글로리오사는 아름다운 모습을 하고 있음에도 불구하고 침입성 잡초로 보기도 한다.

Gomphrena

천일홍(곰프레나)

구형 아마란스

구형의 클로버 같은 꽃이 곧게 뻗은 수상꽃차례 위에 피어 있으며, 색상은 보라색, 빨간색, 분홍색, 노란색, 흰색 계열이 있다. 천일홍의 '꽃'은 사실 종이 같은 질감의 포엽이다. 진짜 꽃은 이 포엽 안에서 자라며 잘 보이지 않는다.

가용 시기
여름부터 첫서리까지

손질법
줄기를 사선으로 자르고 잎을 최대한 제거한 다음 항균제가 많이 섞인 뜨거운 물에 담가둔다. 오래가는 꽃에서 볼 수 있는 곰팡이 문제를 방지할 수 있다.

흥미로운 사실
천일홍은 꽃의 색과 모양이 그대로 유지되기 때문에 드라이플라워로 만들기 좋다. 꽃이 완전히 피고 시간이 많이 흐르지 않았을 때 잘라서 다발로 묶어 거꾸로 매달아 말린다. 줄기째 그대로 사용하거나 꽃을 떼어내 다른 용도로 사용할 수 있다. 천일홍 드라이플라워는 영원히 두고 볼 수도 있다.

Gypsophila
안개꽃

아기의 숨결, 비누 뿌리, 초크 플랜트

안개꽃은 줄기가 섬세하고, 꽃잎이 다섯 개 달린 우아한 꽃이 일정한 크기 또는 다양한 크기로 피어난다. 일반적으로 흰색에 분홍빛이나 라벤더 빛이 돈다.

가용 시기
연중 내내. 자연 개화는 늦봄

손질법
안개꽃은 화훼업계와 떼려야 뗄 수 없는 붙박이 꽃이다. 꽃꽂이할 때는 단일 꽃, 꽃대 하나, 작은 묶음 모두 사용할 수 있으며, 다른 종류의 여름 들꽃과 혼합하여 사용해도 좋다. 이 꽃으로 작업할 때의 요령은 엉겨 있는 무더기채로 사용하지 않고 적당히 사용할 만큼씩 소분해서 쓰는 것이다. 안개꽃이 배송되면 줄기 하나를 위아래로 움직이면서 부드럽게 잡아당겨서 분리한다.

흥미로운 사실
안개꽃에는 일부 암세포를 분해할 수 있는 화학 물질인 사포닌이 들어 있다.

Hedera

아이비(헤데라)

아이비 잎은 녹색이나 잡색이다. 씨앗이 여물면 검은색 씨앗이 인상적인 디자인을 만들어낸다.

가용 시기
연중 내내

손질법
아이비 덩굴의 긴 줄기와 사방으로 뻗은 가지에 붙은 잎은 꽤 오랫동안 신선한 모습을 유지한다. 날카로운 칼로 줄기를 자른 후 나무처럼 단단한 끝부분을 작업대 위에 올려놓고 줄기 아래쪽을 가볍게 두드린다. 줄기를 쪼개면 수분을 더 많이 흡수할 수 있다.

흥미로운 사실
아이비 덩굴의 줄기와 잎은 화환이나 테이블 장식에 활용하기 좋으며 전채 요리 접시의 장식으로도 사용할 수 있다. 아이비는 흔히 건물이나 묘지에서 채취하지만 야생에서도 자란다.

Heliconia
헬리코니아

바닷가재 집게발, 야생 질경이, 극락조

헬리코니아는 열대 우림과 습한 열대 지방에서 찾아볼 수 있다. 빨간색, 노란색, 주황색 등 밝은 색을 띤 꽃은 사실 광택이 있는 포엽이다. 헬리코니아는 포엽이 위를 향한 것도 있고 아래쪽으로 매달려 있는 것도 있는데, 포엽이 매달린 것은 행잉 헬리코니아라고 부른다.

가용 시기
연중 내내

손질법
헬리코니아는 꽃꽂이에 높이감과 신선한 열대 분위기를 더할 때 탁월한 역할을 한다. 말라 있거나 검은 반점이 있는 줄기는 피한다. 디자인하기 전에 날카로운 칼로 물속에서 줄기를 8cm 정도 자른다. 더 튼튼하게 고정하려면 철사와 플로럴 폼을 사용한다. 신선한 물에 꽂아둘 때 꽃병 수명은 7~21일 정도다.

흥미로운 사실
색감이 화려한 헬리코니아의 포엽은 꽃을 완전히 가릴 정도로 매우 크다. 덕분에 벌새나 나비 같은 특정 종만이 헬리코니아의 맛있는 꿀을 먹을 수 있다.

Helleborus

헬레보루스

헬레보어, 사순절 장미

헬레보루스는 품종이 20여 종이 넘고 잡종도 다양하며, 분홍색, 담자색, 녹색, 연노란색, 크림색, 검은색에 가까운 암적색뿐만 아니라 흙색까지 색상이 아름답고 다채롭다. 겹꽃이 피는 품종도 있고 줄무늬나 은은한 반점이 있는 품종도 있다.

가용 시기
봄

손질법
헬레보루스는 꽃 머리에서 수술이 떨어지고 중앙의 씨앗 꼬투리가 형성된 후 잘라내면 가장 오래간다. 이 시기에는 줄기가 눈에 띄게 단단해져서 꽃이 강하고 튼튼하다. 꽃이 완전히 자랄 때까지 기다렸다가 사용하는 것이 가장 좋다. 꽃이 아직 어리고 수술이 아직 붙어 있는 상태라면 꽃 전체를 차갑고 깨끗한 물에 12~24시간 동안 담가 물올림 한다.

흥미로운 사실
헬레보루스는 고개를 숙이는 섬세한 종 모양의 머리와 크고 가장자리가 삐죽삐죽한 잎 때문에 구도를 잡기가 까다로울 때도 있지만, 단조로운 디자인에 당당한 기품을 더해줄 수 있다. 자연스럽게 고개를 숙인 꽃이 작은 꽃병의 가장자리로 흘러내리는 듯한 모습으로 우아한 디자인을 연출할 수 있으며, 버드형 꽃병에 단독으로 꽂기만 해도 당당한 모습이 아름답다.

Holly(*Ilex* spp.)

호랑가시나무 (홀리)(일렉스종)

호랑가시나무는 가시가 있는 짙은 녹색의 잎과 선명한 빨간색 열매로 유명하다. 호랑가시나무의 잎은 연중 내내 윤기가 있어 보기 좋다. 여러 호랑가시나무종의 잎은 가장자리가 톱니바퀴 모양이며 끝에 가시가 있다. 호랑가시나무는 암수딴그루 식물로 각 개체가 수나무거나 암나무다. 열매가 달린 나무는 항상 암나무고, 열매가 없는 나무는 수나무거나 암나무다.

가용 시기
연중 내내. 가을과 겨울에 열매가 열린다.

손질법
호랑가시나무를 자른 후에는 씻어둔다. 잘 씻어내면 흙이나 정원의 잔류물 등의 오염 물질이 제거된다. 나뭇가지는 뜨거운 물에 담가둔다. 호랑가시나무는 물에 꽂아두면 7~21일 정도 신선한 상태를 유지한다.

흥미로운 사실
예부터 상록수인 호랑가시나무가 악령과 마녀로부터 지켜준다는 믿음이 있었다. 그래서 모든 것이 죽어 생기를 잃은 한겨울에 악귀를 쫓기 위해 열매가 달린 싱그러운 녹색 호랑가시나무 가지를 집 안에 들이고 집 주위에 걸어두었다.

Horsetail Fern(*Equisetum* spp.)

쇠뜨기(에퀴세툼종)

뱀풀

쇠뜨기는 줄기 속이 비어 있고 가지에는 털이 나 있어 양치식물보다는 풀이나 갈대처럼 생겼다. 줄기는 높이가 25~60cm 정도이며 대나무와 비슷하게 뚜렷한 고리가 있고, 고리에서 연녹색의 깃털 같은 잎이 수평으로 자라면서 원통 모양을 이룬다.

가용 시기
연중 내내

손질법
쇠뜨기는 컨템퍼러리 수직형 디자인의 꽃꽂이에 훌륭하게 쓰인다. 속이 빈 줄기는 매우 유연하므로 구부려서 기하학적 모양을 만들 수 있다. 줄기 속에 와이어를 끼워 원하는 형태를 유지할 수도 있다.

흥미로운 사실
쇠뜨기는 살아 있는 화석으로 속새강에서 마지막으로 남아 있는 속이다. 고생대 이래 쇠뜨기는 지금까지 본질적으로 동일하다.

Hosta
옥잠화(호스타)

질경이 백합

옥잠화는 크기와 색상, 질감이 다양한 잎 덕분에 매력적이고 화려한 식물로 널리 알려져 있다. 옥잠화는 녹색, 청록색, 노란색, 잡색, 심지어는 흰색까지 있을 정도로 색상이 다양하며, 하트 모양이나 칼 모양 등 잎의 형태와 크기도 다양하다. 옥잠화는 흰색이나 라벤더색으로 백합 같은 꽃차례를 형성한다.

가용 시기

여름

손질법

옥잠화의 잎은 꽃꽂이에 입체감을 더해주기 위해 널리 쓰이는 필러다. 여러 용도로 사용할 수 있고 작업하기가 쉽다. 줄기를 자른 후 얼음처럼 차가운 물에 꽂는다. 며칠마다 물을 갈아주면 옥잠화의 잎은 2주 이상 신선한 모습을 유지할 것이다.

흥미로운 사실

옥잠화의 꽃봉오리와 꽃은 먹을 수 있다. 꽃봉오리는 베이비 아티초크와 비슷하게 생겼으며 튀기거나 쪄서 버터를 발라 먹으면 맛있다. 꽃은 달콤하며 샐러드에 올리거나 설탕에 절여 디저트 장식으로 활용할 수 있다.

Hyacinth(*Hyacinthus* spp.)

히아신스(히아신스종)

무스카리

땅에서 고개를 내밀거나 꽃집의 물통에서 얼굴을 보여주는 히아신스의 달콤한 향기와 종 모양의 작은 꽃들이 촘촘히 자리 잡은 아름다운 모습은 이른 봄을 알리는 반가운 신호다. 색상은 흰색, 크림색, 노란색, 분홍색, 여러 계열의 파란색, 보라색, 라일락색뿐만 아니라 여러 색이 있는 것까지 다양하게 나타난다.

가용 시기
봄

손질법
히아신스를 최대한 크게 키우려면 줄기와 잎, 알뿌리(달려 있는 경우) 전체를 얼음처럼 차가운 물에 담그는 것이 좋다. 물은 이틀에 한 번씩 갈아야 신선하게 유지할 수 있다. 히아신스 꽃은 위쪽이 무거울 수 있으니 대나무 재질의 칵테일 스틱을 줄기에 조심스럽게 삽입하면 지지대 역할을 한다. 히아신스는 잘 돌봐주면 꽃병 수명이 약 7~10일 정도다.

흥미로운 사실
풍부한 색상과 향기를 지닌 히아신스는 봄 웨딩 부케에 적합한 꽃이며, 수국이나 스토크와 같은 다른 계절의 꽃과 섞어 사용해도 잘 어울린다. 히아신스가 전 세계에 알려지게 된 계기는 다음과 같다. 히아신스 알뿌리를 실은 동방의 배가 네덜란드 해안에서 침몰했는데, 이듬해 북해 연안에서 수천 개의 히아신스가 싹을 틔우면서 1734년을 장식한 유명한 꽃이 되었다. 현재 히아신스는 주로 네덜란드에서 공급된다.

Hydrangea, Lacecap
수국, 레이스캡

레이스캡 수국은 큰잎수국과에 속하며 일본이 원산지다. 꽃 머리가 드문드문 솟아오른 화려한 꽃으로 둘러싸여 있는 모습이 마치 납작한 모자 가장자리에 프릴이 달린 것처럼 보이는데, 이 레이스 형태 덕분에 널리 알려져 있다.

가용 시기
5~11월. 절정기: 7~9월

손질법
수국은 탈수되기 쉬운 꽃으로 바로 뜨거운 물에 담가야 하며, 이틀에 한 번씩 물을 갈아주어야 한다. 수국을 신선하게 유지하는 가장 큰 비결은 수국의 줄기를 자른 후 쪼개거나 망치로 치고 칼이나 칼날 종류로 겉껍질을 긁어내는 것이다. 그런 다음 색색의 방울 같은 꽃에 하루에 여러 번 물을 분사한다. 꽃병 수명은 약 10일이다. 수국을 더 오래 두고 보고 싶으면 건조시킨다. 수국을 말릴 때는 꽃병에 물을 몇 cm 정도만 채우고 꽂아둔다. 수분이 증발하면서 수국이 마르며, 건조된 후에는 1년 이상 보관할 수 있다.

흥미로운 사실
레이스캡 수국은 약 210cm까지 자랄 수 있다.

Hydrangea, Oakleaf
수국, 떡갈 잎

떡갈 잎 수국은 피라미드 모양으로 모여 있는 흰 꽃과 잎이 마치 떡갈나무 같지만 그보다 더 크다. 꽃은 시간이 흐름에 따라 앤티킹이라는 과정을 거치며 보라색으로 변한다.

가용 시기
5~11월. 절정기: 7~9월

손질법
수국은 탈수되기 쉬운 꽃으로 바로 뜨거운 물에 담가야 하며, 이틀에 한 번씩 물을 갈아주어야 한다. 수국을 신선하게 유지하는 가장 큰 비결은 수국의 줄기를 자른 후 쪼개거나 망치로 치고 칼이나 칼날 종류로 겉껍질을 긁어내는 것이다. 그런 다음 색색의 방울 같은 꽃에 하루에 여러 번 물을 분사한다. 꽃병 수명은 약 10일이다. 수국을 더 오래 두고 보고 싶으면 건조시킨다. 수국을 말릴 때는 꽃병에 물을 몇 cm 정도만 채우고 꽂아둔다. 수분이 증발하면서 수국이 마르며, 건조된 후에는 1년 이상 보관할 수 있다.

흥미로운 사실
떡갈 잎 수국은 일반적으로 노스캐롤라이나부터 남쪽으로는 플로리다, 서쪽으로는 루이지애나에 이르는 미국 남동부 지역에서 재배된다.

Hydrangea, Peegee

수국, 피지

피지 수국은 눈처럼 하얗고 화려한 꽃을 피우는데 시간이 흐르면 분홍색이나 구리색, 갈색으로 변한다. 짙은 녹색의 타원형 잎도 매력적이며 가을에는 구리색으로 바뀐다.

가용 시기
5~11월. 절정기: 7~9월

손질법
수국은 탈수되기 쉬운 꽃으로 바로 뜨거운 물에 담가야 하며, 이틀에 한 번씩 물을 갈아주어야 한다. 수국을 신선하게 유지하는 가장 큰 비결은 수국의 줄기를 자른 후 쪼개거나 망치로 치고 칼이나 칼날 종류로 겉껍질을 긁어내는 것이다. 그런 다음 색색의 방울 같은 꽃에 하루에 여러 번 물을 분사한다. 꽃병 수명은 약 10일이다. 수국을 더 오래 두고 보고 싶으면 건조시킨다. 수국을 말릴 때는 꽃병에 물을 몇 cm 정도만 채우고 꽂아둔다. 수분이 증발하면서 수국이 마르며, 건조된 후에는 1년 이상 보관할 수 있다.

흥미로운 사실
수국의 품종은 75개가 넘으며 파란색, 분홍색, 빨간색, 보라색, 녹색, 흰색 등 색상이 다양하고 모양과 크기도 제각기 다르다.

Hydrangea, Standard
수국, 스탠더드

수국은 품종이 75종이 넘으며, 주요 품종으로는 큰 잎 수국, 미국수국, 목수국, 떡갈잎 수국, 등수국, 산수국 6가지가 있다. 수국은 별 모양의 꽃잎을 한 꽃송이들이 모여 마치 폼폼처럼 보이며, 색상은 흙의 산성도에 따라 정해진다. 보라색이나 분홍색, 흰색, 파란색으로 아름답게 보이는 꽃잎은 사실 꽃봉오리를 보호하는 꽃받침이다.

가용 시기
5~11월. 절정기: 7~9월

손질법
수국은 탈수되기 쉬운 꽃으로 바로 뜨거운 물에 담가야 하며, 이틀에 한 번씩 물을 갈아주어야 한다. 수국을 신선하게 유지하는 가장 큰 비결은 수국의 줄기를 자른 후 쪼개거나 망치로 치고 칼이나 칼날 종류로 겉껍질을 긁어내는 것이다. 그런 다음 색색의 방울 같은 꽃에 하루에 여러 번 물을 분사한다. 꽃병 수명은 약 10일이다. 수국을 더 오래 두고 보고 싶으면 건조시킨다. 수국을 말릴 때는 꽃병에 물을 몇 cm 정도만 채우고 꽂아둔다. 수분이 증발하면서 수국이 마르며, 건조된 후에는 1년 이상 보관할 수 있다.

흥미로운 사실
수국에는 청산가리가 약간 함유되어 있다. 소량의 독이지만 섭취하면 사람과 반려동물 모두에게 위험할 수 있다.

Hypericum
하이페리쿰

세인트 존스 워트

하이페리쿰은 약 60~90cm 길이의 줄기에 잎이 많이 달려 있으며 맨 위에 둥근 열매가 모여 있다. 하이페리쿰은 400여 가지 품종이 있으며, 그중 3분의 1이 관상용 절화로 사용된다. 빨간색, 갈색, 아이보리색, 분홍색, 암적색 등 다양한 색상이 있지만 가장 쉽게 볼 수 있는 품종은 작은 별 모양의 노란 꽃이 달려 있고 짙은 녹색 잎이 무성하게 난 것이다.

가용 시기
연중 내내. 특히 겨울철에 인기가 많다.

손질법
꽃도 예쁘지만 관상용 열매 송이는 꽃다발이나 꽃꽂이, 센터피스의 색과 질감을 살리는 훌륭한 필러다. 뜨거운 물에 넣어두면 꽃병 수명이 5~7일 정도 된다.

흥미로운 사실
세인트 존스 워트라는 별명은 세례 요한을 기리는 전통 축제에서 유래했다. 사람들은 하이페리쿰에 악령을 쫓는 특별한 힘이 있다고 믿어 축제날 밤에 하이페리쿰을 따서 교회에 가져가 축복을 받았다. 약 2,400년 전 의학의 아버지 히포크라테스는 신경 불안을 치료하는 데 세인트 존스 워트를 권장했다. 세인트 존스 워트의 하이페리신 성분이 진정제 역할을 하고 통증 완화 효과가 있는 것으로 알려져 있다.

Iris, Bearded
독일붓꽃

독일붓꽃은 내화피라고 불리는 꽃잎 세 개가 위를 향하고 외화피라고 불리는 꽃잎 세 개가 아래로 드리운다. 그리고 보통 첫 꽃이 핀 다음 두 번째 꽃이 하나 더 있어서 꽃을 두 번 피운다. 독일붓꽃의 잡종은 떠올릴 수 있는 색 중에 가장 근사한 색상과 색조로 나온다. 꽃이 한 가지 색으로만 피는 경우는 없다.

가용 시기
초여름

손질법
가장 아름다운 붓꽃은 태평양 북서부의 초여름에 피어난다. 사람들은 대부분 첫 번째 꽃 바로 뒤에 두 번째 꽃이 핀다는 사실을 잘 알지 못한다. 첫 번째 꽃이 시들해 보일 때 잘라내면 두 번째 꽃이 눈부시게 피어난다. 보통 줄기당 6개 정도의 꽃이 피어 있다.

흥미로운 사실
그리스 신화에 나오는 아이리스는 무지개를 의인화한 것으로 신이 보낸 사자다. 붓꽃의 추출물인 이리스근(흰붓꽃 뿌리 - 옮긴이)은 향수와 포푸리의 첨가제로 사용된다. 흰붓꽃은 일부 브랜드의 진 성분이기도 하다.

Iris, Standard
붓꽃, 스탠더드

붓꽃은 형태나 모양, 크기가 여러 가지이고, 색상은 무지개 빛깔처럼 다양하지만 보라색, 파란색, 흰색, 노란색을 가장 쉽게 볼 수 있다. 꽃은 위쪽을 향한 꽃잎인 내화피 세 개와 아래쪽을 향한 외화피 세 개로 이루어져 있다. 줄기는 길고 칼처럼 생겼으며 단순한 형태나 가지가 있는 형태가 있다. 높이는 20cm부터 90cm까지 이른다.

가용 시기
초여름

손질법
줄기 아래쪽 잎을 제거하고 위쪽에 꽃을 덮고 있는 잎 두 장을 분리한다(잎을 제거하지 않으면 꽃이 피기 어렵다). 그런 다음 줄기가 부드러운 붓꽃은 찬물에 넣는다.

흥미로운 사실
꽃 모양의 장식 문양인 '플뢰르 드 리스'는 붓꽃을 시각적으로 표현한 것이다.

Kalanchoe
칼랑코에

크리스마스 칼랑코에, 불꽃 케이티

칼랑코에는 톱니 모양의 진녹색 큰 잎이 달린 줄기에 꽃잎이 네 개인(겹꽃 품종에서는 꽃잎이 최대 26개) 관 모양의 꽃이 피는 다육식물이다. 빨간색, 분홍색, 주황색, 흰색, 노란색, 라일락색, 산호색, 연어색, 두 가지 색 등 다양한 색상이 있다.

가용 시기
연중 내내

손질법
줄기 길이가 약 60cm인 칼랑코에는 훌륭한 필러 꽃이다. 실온의 물에 꽂고 물을 자주 갈아준다. 칼랑코에는 꽃병 수명이 14~21일 정도다. 결혼식 부케나 센터피스에 밝은 기운의 색상을 더해준다.

흥미로운 사실
1971년, 소련 살류트 1호 우주 정거장에 있는 외롭고 우울한 승무원들을 위로하기 위해 칼랑코에 씨앗이 우주로 보내졌다. 이 작은 묘목은 '생명 나무'라 불리며 우주 정거장에서 보내는 텔레비전 방송에 소개되었다. 한 가지 주의할 점이 있다면, 칼랑코에 꽃에는 별칭과는 달리 동물에게 독성이 있는 강심배당체라는 성분이 들어 있으므로 반려동물이 접근하지 못하는 곳에 보관해야 한다.

Kale *(Brassica oleracea)*
케일 (브라시카 올러라세아)

케일의 '꽃'은 실제로는 주름진 잎이 무성하게 난 것이다. 색상은 크림색, 녹색, 분홍색, 보라색, 빨간색, 흰색이 있다.

가용 시기
연중 내내

손질법
관상용 케일은 색상이 독특하며 꽃꽂이에 수려한 질감을 더해줄 수 있다. 잎의 겉껍질을 하나씩 벗기면서 장미 모양을 만든다. 날카로운 칼로 줄기를 사선으로 자른다.

흥미로운 사실
관상용 케일과 사촌격인 관상용 양배추는 맛이 아니라 색상을 위해 개발되었다. 쓴맛이 나기 때문에 좋은 식재료가 될 수는 없지만 독특한 대칭, 흥미로운 질감, 선명한 색감 덕분에 꽃꽂이를 아름답게 만드는 요소로 추가하거나, 전채 요리를 올린 접시를 멋지게 꾸밀 수 있다.

Kangaroo Paw(*Anigozanthos* spp.)

캥거루 포(아니고잔소스종)

털이 빼곡하게 난 관 모양의 밝은 빛깔의 꽃에 6개의 발톱 같은 구조가 더해진 캥거루 포는 유대동물의 발가락과 매우 닮았다. 키가 큰 줄기에서 주황색, 빨간색, 암적색, 노란색, 분홍색, 두 가지 색 등 색색 가지의 꽃이 피어난다.

가용 시기
연중 내내

손질법
캥거루 포를 고를 때는 꽃봉오리가 오그라들지 않고 통통한 것을 고르고 꽃이 아래로 처진 것은 피한다. 물속에서 줄기를 자르면 공기 주머니가 생길 위험이 줄어들며, 사막에서 자라는 꽃이므로 매우 뜨거운 물에 담가야 한다. 캥거루 포는 탈수되기 쉬우므로 줄기를 다시 자르고 물을 잘 주면 꽃병 수명이 6~14일 정도 된다.

흥미로운 사실
호주 서부가 원산지인 캥거루 포는 컨템퍼러리 디자인에 기발한 요소를 더해주는 소재다. 캥거루 포의 꽃 추출물은 세포 성장을 촉진하고 피부를 젊게 유지하며 주름이 생기지 않게 도와주는 스킨케어 제품에 활용된다.

Larkspur
락스퍼

로켓 락스퍼, 종달새 발톱, 종달새 발꿈치

키가 크고 흔들거리는 꽃대에 화려한 꽃이 피고 레이스 같은 짙은 녹색 잎이 나는 락스퍼는 많은 이들에게 사랑받는 꽃이다. 델피니움속에 속하며 꽃차례 색상이 하늘색부터 진한 파란색까지 아우르는 푸른색 계열, 분홍색, 흰색 등 다양하다.

가용 시기
연중 내내

손질법
락스퍼 줄기는 속이 비어 있어 부러지기 쉬우므로 필요하면 지지대를 세워준다. 줄기에서 잎과 작은 꽃은 되도록 많이 떼어내고 꽃 칼로 줄기를 자른 직후 항균제가 충분히 함유된 따뜻한 물에 담근다. 꽃병 수명은 5~7일이다.

흥미로운 사실
락스퍼는 매혹적인 꽃 모양과 색상 덕택에 어떤 꽃다발에도 눈부시게 어울리는 매력적인 절화다. 고대에는 락스퍼의 씨앗을 이용해 이를 제거했으며, 트란실바니아에서는 마구간 주변에 락스퍼를 심어 마녀가 동물에게 주문을 거는 것을 막기도 했다.

Lavender(*Lavandula* spp.)
라벤더(라반둘라종)

라벤더와 동명의 색인 라벤더색을 떠올려본다면, 라벤더의 우아한 꽃차례 색상이 모두 보라색일 것이라고 추측할 수도 있겠다. 그러나 라벤더는 45종이 넘고 품종은 450여 개로 흰색, 분홍색, 노란색 등 여러 다양한 색상이 있다.

가용 시기
연중 내내

손질법
라벤더를 물에 꽂기 전에 물 아래로 잠기는 은빛의 녹색 잎을 모두 제거하고 줄기를 깨끗하게 자른다. 매일 물을 갈아주고 직사광선을 피하면 더 오래 보관할 수 있다. 라벤더를 오래 보고 싶다면 말리면 된다. 다발로 모아 줄기를 노끈으로 묶은 뒤 건조한 곳에 걸어둔다. 말린 라벤더 다발은 2년 동안 보관할 수 있으며 향기도 계속 난다. 향기가 사라지면 따뜻한 수증기가 가득한 욕실에 넣어두거나 따뜻한 물을 뿌려준다.

흥미로운 사실
14세기 흑사병이 돌던 때 질병을 퇴치하는 데 라벤더 오일을 사용했고, 길거리에서는 시체 냄새를 덮기 위해 라벤더 다발을 판매하기도 했다. 19세기에 영국을 통치하던 빅토리아 여왕은 라벤더 차를 마시고 가구를 전부 라벤더가 함유된 용액으로 닦을 정도로 라벤더를 좋아했다. 라벤더를 더 좋아하게 될 사실 하나를 알려주자면, 라벤더 향은 벌레를 쫓아내는 것으로 알려져 있다.

Leucadendron

레우카덴드론

햇빛 콘부시

레우카덴드론은 단순하면서도 매우 단단해 보이는 튼튼한 '꽃'이 달린 불꽃 모양의 관목이다. 줄기 꼭대기에 색깔 있는 잎 모양을 한 포엽이 원뿔 형태의 꽃 머리를 둘러싸고 있다. 단일 줄기나 스프레이 형태가 있으며 빨간색, 녹색, 노란색, 주황색, 암적색, 은색 등 다양한 색상이 있다.

가용 시기
연중 내내

손질법
레우카덴드론은 튼튼한 품종으로, 자른 후 실온 정도의 물이나 뜨거운 물에 넣기만 하면 된다. 잎은 되도록 조금만 제거한다.

흥미로운 사실
레우카덴드론의 잎은 꽃병 수명이 길고, 커다란 꽃꽂이에서 색상과 질감을 살려주며 다육식물이나 소나무, 관상용 풀과 잘 어울린다.

Lilac(*Syringa* spp.)
라일락(시링가종)

꽃피는 라일락에는 여러 가지 품종이 있다. 색상은 흰색, 하늘색, 보라색, 연분홍색까지 다양하다. 홑꽃이나 겹꽃 품종으로 재배되며, 수출할 정도의 꽃을 피우기까지는 2년이 걸린다.

가용 시기
초봄

손질법
라일락은 수분을 좋아하는 것으로 알려져 있지만, 꽃이 아닌 줄기만이다. 꽃에 물기가 있으면 시들기 쉽다. 줄기 아래쪽 5cm 정도를 쪼개고 잔여물을 긁어낸 후, 줄기에 물을 분사한 다음 꽃병에 항균제가 든 뜨거운 물을 담고 꽂는다.

흥미로운 사실
관목의 여왕으로 알려진 라일락은 올리브와 같은 과에 속한다. 라일락은 미국의 최초 식물원에서 길러졌으며 조지 워싱턴과 토머스 제퍼슨도 라일락을 키웠다.

Lily, Hybrid (*Lilium* spp.)

백합, 잡종(릴리움종)

스타게이저, 카사블랑카, 마타곤

백합은 하늘을 바라보는 크고 튼튼한 꽃과 강하고 매혹적인 향기로 널리 알려져 있다. 백합은 다채롭고 화려하며 극적인 꽃을 피운다. 백합이 세계에서 가장 인기 있는 꽃으로 손꼽히는 것은 놀라운 일이 아니다.

가용 시기
여름

손질법
백합은 수술을 제거하고 바로 물에 꽂으면 꽃이 더 빨리 환하게 열린다. 백합은 꽃병 수명이 길고 오래 지속하는 절화다.

흥미로운 사실
백합에는 고양이에게 유해한 성분이 있어 반려묘가 가까이 가지 못하게 해야 한다.

Lily, Nerine(*Nerine* spp.)

네리네(네리네종)

거미 백합, 건지 백합, 케이프 꽃

네리네는 6~10개의 꽃이 피며, 잡종 백합과 비슷하게 꽃잎과 수술이 구부러져 있지만, 그보다는 꽃잎이 훨씬 얇고 길다. 꽃이 완전히 피면 거미처럼 보이기 때문에 거미 백합이라고도 불린다. 네리네는 연분홍부터 진분홍에 이르는 분홍색 계열, 진한 빨강, 붉은 오렌지, 순백색 등 다양한 색상이 있다.

가용 시기
여름부터 초가을까지

손질법
꽃봉오리가 단단히 닫혀 있으면 꽃이 피지 않는 경향이 있기 때문에, 꽃이 피기 시작하고 줄기가 곧은 것을 고른다. 네리네 꽃대에는 잎이 달려 있지 않다. 줄기를 자른 후 바로 깨끗한 물에 넣는다. 꽃 주변에 있는 꽃받침은 1~2일 후에 갈변하므로 제거한다. 네리네는 에틸렌 가스에 민감하니 과일 주변에 두지 않는다. 꽃병 수명은 7~14일이다.

흥미로운 사실
네리네는 오래전 노르망디 연안의 건지 섬에서 알뿌리를 실은 배가 난파되는 일이 있고 난 후 건지 백합이라는 별명을 얻었다. 남아프리카에서만 자생하며 매년 3월 케이프타운의 테이블마운틴 정상에서 꽃을 피운다.

Lily of the Valley(*Convallaria majalis*)
은방울꽃(콘발라리아 마잘리스)

오월의 꽃, 오월의 종

은방울꽃은 잎이 없는 줄기의 한쪽 면에 흔들거리는 종 모양의 꽃이 모여 피며, 꽃은 원래는 흰색이지만 때때로 라벤더색도 있다. 광택이 나는 두 개의 잎은 줄기 아래쪽에서부터 위를 향해 뻗어 있다.

가용 시기
봄

손질법
사랑스러운 은방울꽃은 매우 섬세하다. 플로리스트는 대부분 꽃을 보호하기 위해 줄기에 달린 잎을 되도록 오래 남겨둔다. 줄기를 칼로 자른 후 깨끗한 찬물에 담근다.

흥미로운 사실
달콤한 향기가 나는 흰 은방울꽃은 오랫동안 순결하고 순수하며 달콤한 여성적인 특성을 연상시켜왔다. 웨딩용으로 가장 즐겨 찾는 꽃이다. 빅토리아 여왕과 그레이스 켈리, 케이트 미들턴은 모두 웨딩 부케에 우아한 종 모양의 은방울꽃을 사용했다.

Limonium
리모니움

스타티스, 갯라벤더, 습지 로즈메리

리모니움은 가지가 있고 털이 많은 줄기에 종이 같은 질감의 작은 꽃송이가 달려 있다. 흰색 꽃부리와 꽃받침이 특징이며 흰색, 분홍색, 노란색, 라벤더색, 보라색 중에서 보라색이 가장 인기가 많다. 줄기는 높이가 30~46cm 정도다.

가용 시기
연중 내내

손질법
리모니움은 질감이 멋스러워 두루 쓰이는 필러 꽃으로, 생화나 드라이플라워의 꽃꽂이에 모두 잘 어울린다. 영원한 꽃으로 알려진 리모니움은 꽃병 수명이 매우 길고 말려도 꽃 색상을 대체로 유지한다. 리모니움은 아름다운 모습을 하고 있지만 꽃에서 톡 쏘는 향이 난다고 하는 사람들도 있다. 서늘하고 통풍이 잘되는 곳에 두면 냄새가 약해진다.

흥미로운 사실
리모니움은 약초 요법에서 설사나 이질, 후두염 등 다양한 질병을 치료하는 데 사용된다.

Lisianthus(*Eustoma* spp.)

리시안서스(유스토마종)

대초원 용담

리시안서스 꽃은 물결무늬 주름이 지는 형태이며 장미나 작약으로 착각할 정도로 눈부시게 아름다운 꽃이다. 꽃잎 다섯 개가 자연스럽게 종이 깔때기 모양을 이루며 나선형으로 피어난다. 보라색, 라일락색, 복숭아색, 빨간색, 노란색, 흰색, 두 가지 색 등 다양한 색상이 있다. 소형 품종과 엑스트라 더블 품종이 있으며 매년 새로운 잡종이 출시된다.

가용 시기
연중 내내

손질법
꽃이 두세 개 피어 있고 나머지 꽃봉오리는 닫혀 있더라도 색이 슬쩍 보이기 시작하는 줄기로 고른다. 꽃이 너무 피어 있으면 운송 중에 멍이 들 수 있고, 꽃봉오리가 너무 꽉 닫혀 있으면 피어나지 않고 시들어버린다. 꽃잎은 매우 부드럽고 연약하므로 조심해서 다룬다. 습한 곳을 좋아하지 않으니 주의한다. 줄기를 자르고 잎을 모두 제거한 후 항균 처리된 뜨거운 물에 담근다.

흥미로운 사실
리시안서스는 북아메리카가 원산지이며 그곳에서는 대초원 용담으로 알려져 있다. 텍사스, 네브래스카, 네바다, 콜로라도의 강바닥과 대초원에서 자란다. 1930년대에 일본 꽃 육종가들이 야생의 대초원 용담을 채취해 현대의 사랑받는 리시안서스를 만들었다.

Lysimachia

큰까치수영 (리시마키아)

루스스트라이프, 구스넥 루스스트라이프, 머니워트, 퍼플 윌로우 허브

큰까치수영은 베로니카(348쪽)와 매우 비슷해 보이지만 다르다. 잎이 더 크고 스파이크 모양의 아치형 꽃 머리를 하고 있다. 흰색, 노란색, 진홍색 꽃이 있는 품종도 있다.

가용 시기
여름

손질법
꽃봉오리가 절반 정도 열리고 줄기가 곧고 튼튼한 것으로 고른다. 잎은 시들기도 하고 꽃의 생명을 빨리 앗아가므로 모두 제거한다. 자른 후 미지근하거나 뜨거운 물에 담근다.

흥미로운 사실
3,000년 전 마케도니아의 전설에 따르면 트라키아의 리시마코스 왕이 미친 황소를 진정시키기 위해 이 꽃을 사용했다고 한다. 루스스트라이프라는 통칭은 '분쟁을 끝낸다'라는 뜻의 그리스어에서 유래했다.

Matricaria
마트리카리아

캐모마일, 메이위드

캐모마일 꽃은 섬세한 사과 향이 나며 노란 대롱꽃과 흰색 혀꽃으로 이루어져 있다. 마트리카리아는 식물계에서 친척쯤 되는 종이 많지만, 절화 업계에서는 캐모마일과 피버퓨 두 가지만 사용한다. 캐모마일 꽃의 아래쪽이 둥글다는 점을 제외하면 둘은 구별하기 힘들 정도로 비슷하다.

가용 시기
여름부터 가을까지

손질법
다른 모든 식물과 동일하게 잎을 되도록 많이 떼어내는 것이 중요하다. 꽃이 서로 엉키기 쉬우므로 꽃을 분리해두면 유용하다. 줄기에 꽃이 너무 많이 달려 있지 않도록 다듬으면 아주 좋다.

흥미로운 사실
캐모마일은 약용으로 가장 잘 알려져 있다. 사과 같은 강한 향이 나며 수면을 유도하는 차 대부분의 주원료로 쓰인다.

Moluccella
몰루셀라

아일랜드의 종, 조개꽃

몰루셀라는 키가 크고 줄같이 생긴 줄기에 녹색 종 모양의 꽃받침이 달려 있다. 꽃받침이 붉은색을 띠기도 한다. 키가 약 90cm까지 자라기도 한다.

가용 시기
연중 내내

손질법
몰루셀라는 모양을 바꾸는 신기한 꽃이다. 15cm 정도 더 자라서 뱀 같은 모습을 할 수도 있다. 칼로 줄기를 잘라주면 좋다. 물 아래 잠기는 부분에 달린 꽃은 떼어낸다. 특별히 눈에 띄지 않지만 꽃 아랫부분에는 여러 갈래로 갈라진 가시가 있어 조심하지 않으면 피부 깊숙이 침투할 수 있으니 주의한다.

흥미로운 사실
정원에서 몰루셀라를 키울 때는 비슷한 선형에 서로 보완 역할을 하는 튤립 뒤에 심는 것이 가장 좋다. 몰루셀라로 꽃꽂이를 할 때도 마찬가지이니, 선형의 다른 꽃과 조합해보자. 몰루셀라 꽃은 계속해서 자라며 뾰족한 끝부분에서 멋진 잎이 나온다. 종 같은 모양과 활기찬 초록색을 뜻하는 켈트어에서 유래한 이름으로, 행운, 특히 아일랜드의 행운을 상징한다.

Monkshood(*Aconitum* spp.)

투구꽃(몽크후드)(아코니툼종)

울프스베인, 블루 로켓, 프리어스 캡

투구꽃은 푸른 계열의 모자 모양을 한 꽃이 아름답게 모여 핀다. 잎은 광택이 있고 짙은 녹색이며 엽상이다. 원래는 푸른색이지만 노란색, 분홍색, 흰색, 두 가지 색으로 꽃을 피우는 품종도 있다.

가용 시기
연중 내내

손질법
화려한 푸른 꽃을 피우는 투구꽃은 어느 꽃꽂이에 조합해도 색감과 높이, 아름다움을 살려준다. 그러나 현존하는 식물 중 가장 치명적인 식물이라는 점에 유의해야 한다. 피부를 통해 흡수될 수 있는 독성 물질인 아코나이트가 함유되어 있어, 상처나 긁힌 자국이 있으면 장갑을 끼고 다루는 것이 좋다.

흥미로운 사실
투구꽃은 관상용 식물로 재배된 최초의 다년생 식물이다. 중세 시대에는 뿌리에서 추출한 진액을 전쟁이나 사냥에 쓰는 화살촉에 묻혀 사용했다.

Muscari

무스카리

포도 히아신스

무스카리의 관 모양의 작은 꽃은 줄기 끝 꽃차례에 빽빽하게 모여 피는데, 마치 포도송이를 뒤집어놓은 것처럼 보인다. 무스카리에서 가장 흔히 볼 수 있는 색은 연한 파란색에서 남색에 이르는 푸른 계열이지만 흰색도 있으며, 잎은 긴 풀잎과 생김새가 비슷하다. 키가 15~20cm 정도까지만 자라는 무스카리는 마치 히아신스의 미니어처인 것처럼 보인다.

가용 시기

초봄

손질법

무스카리는 아주 작은 꽃이 촘촘하게 모여 있는 꽃송이로 꽃꽂이에 조합하면 사랑스럽다. 꽃병 수명이 최대 6일이며 드라이플라워 꽃꽂이에도 사용할 수 있다. 가능하다면 알뿌리가 있는 상태를 유지하고 찬물을 되도록 많이 준다.

흥미로운 사실

흔히 무스카리를 포도 히아신스라고 부르지만 사실 히아신스는 아니고 백합과에 속한다.

Narcissus, Daffodil

수선화, 다포딜

렌트 백합

현존하는 수선화의 품종은 1만 3,000여 종으로, 꽃잎의 크기와 모양, 덧꽃부리(색상이 화려한 속 꽃잎으로 보통 하나의 관 형태이다)에 따라 약 12가지 유형으로 나눌 수 있다.

가용 시기
봄

손질법
수선화는 잘린 줄기의 수액에서 독성이 있는 칼슘옥살레이트 결정이 나오기 때문에 다른 꽃과 함께하기 어렵다. 꽃병에 수선화와 다른 꽃을 섞어서 꽂고 싶다면, 먼저 수선화를 24시간 동안 물에 푹 담가둔다. 그러면 다른 식물에 해로운 수액을 제거할 수 있다. 이후 줄기를 또 자르면 독성이 있는 수액이 다시 분비될 수 있으니 자르지 않는다. 수선화를 다른 식물과 조합하고 싶다면 회양목이나 호랑가시나무처럼 잎이 작은 상록 관목을 시도해보자. 이 관목들은 튼튼한 편이고, 독성이 있는 수선화 수액에도 견딜 수 있기 때문이다.

흥미로운 사실
고대 로마에서는 수선화의 수액에 치유하는 힘이 있다고 여겨 수선화를 소중히 다뤘다. 수선화의 알뿌리에는 나르시클라신이라는 화합물이 함유되어 있는데, 과학자들은 이 성분이 실제로 뇌암 치료에 효과가 있다는 사실을 발견했다. 물론 그렇다고 해서 집에서 직접 실험하지는 말자.

Narcissus, Paperwhite
수선화, 페이퍼화이트

번치플라워 수선화

페이퍼화이트는 별 모양의 수선화 꽃을 말하며, 흰색 스프레이 수선화다. 꽃은 흰색으로 동전 크기 정도이며 줄기당 최대 12송이의 꽃이 모여 핀다. 페이퍼화이트는 특유의 달콤한 향기가 나며, 수선화과 중에서 향기가 가장 많이 난다. 연말 시즌에 많이 심는 알뿌리 꽃이며 키트 형태로 구매할 수 있다.

가용 시기
늦가을(알뿌리), 초봄(절화)

손질법
페이퍼화이트도 다포딜처럼 다른 꽃에 해를 끼칠 수 있는 독성 물질을 분비한다. 따라서 줄기를 자르고 항균제가 충분히 들어 있는 찬물에 담가 수액을 제거한 후 꽃꽂이에 조합하는 것이 가장 좋다.

흥미로운 사실
중국에는 자갈이 담긴 그릇에 물을 넣고 페이퍼화이트를 속성으로 키우는 전통적인 관습이 있다. 페이퍼화이트의 중국 이름은 '슈이셴'으로 '물의 요정'이라는 의미다. 사람들은 이 꽃을 커다란 행복의 원천으로 여긴다.

Nigella(*Nigella damascena*)

니겔라(니겔라 다마세나)

안개 속의 사랑, 미스 지킬, 사랑의 굴레, 비너스의 머리카락

니겔라는 아름다운 별 모양의 꽃을 피우는 우아하고 고상한 관상용 꽃으로, 주로 파란색이지만 분홍색이나 흰색도 있다. 깃털처럼 가늘고 레이스같이 섬세한 모습에 세공한 듯 정교한 니겔라의 잎은 안개 속의 몽환적인 풍경을 만들어준다.

가용 시기
8~9월

손질법
니겔라는 섬세해 보이지만 특별히 까다로운 꽃은 아니다. 줄기를 자르고 깨끗한 물에 담그기만 하면 된다. 행사를 위한 꽃꽂이를 디자인하는 경우 꽃이 완전히 피어날 수 있게 2~3일 전에 미리 작업한다. 꽃병 수명은 7~10일 정도이며 아름답게 잘 마른다.

흥미로운 사실
니겔라의 여러 이름 중 하나인 '안개 속의 사랑'은 마치 양치식물같이 생긴 우아한 잎이 꽃 주변에 안개가 낀 것 같은 느낌을 준다고 해서 생겼다. 니겔라의 로맨틱한 분위기 덕분에 야생화 느낌을 연출하려는 신부들에게 인기가 많다.

Ninebark(*Physocarpus* spp.)

양국수나무 (나인바크)(피소카르푸스종)

디아블로 나인바크

다채로운 잎이 달린 양국수나무는 네 단계의 성숙도에 따라 다양한 선택지가 있다. 먼저 꽃봉오리 단계가 있다. 다음으로 늦봄이 되면 줄기에 단추 모양의 흰색 꽃이 피어나며, 꽃꽂이에 훌륭하게 쓰인다. 꽃이 지고 나면 작은 씨방이 남는데 디자인에 질감을 강조하는 역할을 한다. 마지막으로 진보라색, 암적색, 주황색, 녹색, 금색, 다색조의 톱니 모양 잎이 풍성한 줄기를 활용할 수 있다.

가용 시기
늦봄부터 늦여름까지

손질법
나무줄기를 망치로 쪼개서 뜨거운 물이 담긴 꽃병에 꽂아두면 가장 좋다.

흥미로운 사실
왜 나인바크라는 이름을 얻게 됐을까? 얇은 나무껍질이 여러 겹으로 벗겨지기 때문이다.

Orchid(*Cymbidium* spp.)

난초(심비디움종)

보트 난초

심비디움 난초의 꽃은 광택이 나고 두꺼우며, 꽃차례에 뾰족한 꽃잎이 다섯 개 달려 있고, 얇은 잎이 있다. 갈색, 녹색, 흰색, 빨간색, 노란색이 가장 흔한 색상이다. 줄기마다 꽃이 9~20송이 정도 핀다.

가용 시기
연중 내내

손질법
난초는 매우 섬세한 여주인공 같아서 특별한 관리가 필요하다. 꽃이 매우 무거워 지지대가 없으면 부러지기도 한다. 플로리스트들은 보통 줄기에 긴 대나무 막대기를 붙여 똑바로 세운다. 줄기에 지지대를 붙이지 않으면 하루나 이틀 후에 부러질 수 있다. 잡종 유형에 따라 꽃은 1~6개월 정도 지속할 수 있다. 줄기를 자른 심비디움 난초는 며칠에 한 번 물을 갈아주고 꽃병에 박테리아가 번식하지 않게 유지하면서 과일이나 직사광선, 열기를 가까이하지 않으면 꽃병 수명이 최대 21일 정도다.

흥미로운 사실
심비디움 난초는 2,500년 전으로 거슬러 올라가 고대 중국의 히말라야 산맥과 히말라야 숲에서 유래했다. 중국의 철학자이자 시인인 공자는 난초의 고아한 아름다움에 매료되어 난초를 주제로 하는 여러 작품을 남겼다. 공자는 아시아 심비디움 난초를 향기의 왕이라고 불렀다.

Orchid(*Dendrobium* spp.)

난초(덴드로비움종)

대나무 난초, 싱가포르 난초

덴드로비움은 난초 중에서 가장 큰 속이다. 덴드로비움은 크기와 형태, 색상이 다양하다. 보라색과 흰색을 가장 쉽게 볼 수 있지만, 빨간색, 분홍색, 연두색도 있고, 말려 있거나 줄무늬가 있는 꽃잎도 있다. 대부분은 한 줄기에 꽃을 10~12송이 정도 피우며 꽃의 지름은 2.5~5cm다.

가용 시기
연중 내내

손질법
따뜻한 물에 푹 잠기게 10~15분간 담가두거나 꽃 부분에 미세한 미스트를 뿌려 수분을 공급한다. 그다음 각 줄기를 0.6cm 정도 자르고 따뜻한(38℃) 물이 담긴 꽃병에 꽂는다. 덴드로비움은 주변에 과일이나 시들어가는 꽃이 없고, 서늘하고 습한 환경에 두면 꽃병 수명이 7~14일이다.

흥미로운 사실
그리스어로 덴드로비움은 '나무 위의 생명체'라는 뜻으로, 야생에서 자라는 난초의 대부분은 나무에 붙어 있는 것을 볼 수 있다. 덴드로비움의 여러 종은 공기 중 독소와 오염 물질을 없애주는 것으로 알려져 있다.

Orchid (*x Mokara* spp.)
난초(모카라종)

미소 난초, 여인의 손가락

모카라 난초의 열대성 꽃은 폭이 넓고 반점이 있는 불가사리 모양이며, 줄기마다 꽃이 6~10송이 정도 달려 있다. 벨벳처럼 부드러운 꽃은 지름이 2.5~5cm이며 빨간색, 분홍색, 보라색, 주황색, 노란색, 금색 등 다양한 색상이 있다. 모카라 난초의 우아하고 수려한 곡선을 가리켜 여인의 손가락이라고 부르며, 꽃잎에 나타나는 복잡한 무늬가 마치 미소 짓는 것처럼 보인다고 해서 미소 난초라고 부르기도 한다.

가용 시기
연중 내내

손질법
난초가 배송되면 탈수되고 지쳐 있는 것처럼 보이곤 하지만 다음의 방법을 따르면 빠르게 깨어날 것이다. 포장을 제거하고 따뜻한(38℃) 물에 푹 잠기게 10~15분간 담가둔다. 줄기를 사선으로 0.6cm 정도 자르고 따뜻한(38℃) 물이 담긴 꽃병에 꽂는다. 꽃병 수명을 늘리려면 3일에 한 번씩 물속에서 줄기를 0.6cm씩 자르고 미지근한 물로 갈아준다.

흥미로운 사실
모카라는 세 가지 종류의 난초가 교잡된 품종이다. 인도 산스크리트어인 '모카라'라는 단어는 각 개인의 웰빙에 원인체, 정신체, 육체라는 세 가지 상태가 있다는 힌두교 철학에서 온 것이다. 모카라는 이 중 육체를 나타낸다.

Orchid(*Oncidium* spp.)

난초(온시디움종)

춤추는 여인

온시디움 난초는 선명한 색상의 작은 꽃들이 모여 핀다. 온시디움 난초는 대부분 노란색과 갈색 계열이지만 흰색, 분홍색, 보라색, 빨간색, 녹색의 화려한 스프레이 꽃도 있다. 줄기마다 꽃이 나풀거리면 마치 바람에 나부끼는 나비가 가지에 앉은 것처럼 보인다.

가용 시기
연중 내내

손질법
줄기를 0.6cm 정도 자른 후, 따뜻한(38℃) 물을 넣은 깨끗한 꽃병에 꽂는다. 3일마다 물을 갈아주고 박테리아가 번식하지 않도록 표백제를 한 방울 떨어뜨린다. 키가 큰 품종을 사용하는 경우 막대기로 지지하는 것이 좋다.

흥미로운 사실
온시디움 난초는 1800년 스웨덴의 식물학자 올라프 스와츠가 처음 기록했다. 이 이름은 '붓기나 덩어리'를 뜻하는 그리스어 '온코스(onkos)'에서 유래한 것으로, 꽃 입술에 있는 독특한 혹 모양의 돌기를 가리킨다.

Orchid (*Vanda* spp.)
난초 (반다종)

반다 난초는 분홍색, 노란색, 빨간색, 파란색 등 여러 선명한 색상으로 나오고, 꽃이 크고 향기로우며 오래 지속되어 사랑받고 있다. 꽃차례에는 일반적으로 넓고 납작한 잎의 아랫부분에서 피어오르는 꽃 8~10개가 있다. 반다 난초는 단경성란으로 줄기가 하나이며, 줄기 위로 자라며 올라간다.

가용 시기
연중 내내

손질법
반다 꽃은 물이 거의 필요 없다. 꽃이 조금씩 늘어지기 시작하면 밤새 꽃차례 전체를 물에 담가둔다. 이 과정이 끝나면 꽃에 생기가 돌고 다시 단단해진다. 반다 꽃은 꽃다발이나 코르사주, 꽃꽂이에 아름답게 쓰이며, 작은 물병에 꽃 한 송이만 꽂을 수도 있다.

흥미로운 사실
반다는 인도의 열대 기후에서 자라는 식물로 난초를 뜻하는 산스크리트어에서 이름을 얻었다. 반다는 '공중 식물'이라서 자라는 데 흙이 필요하지 않다. 야생에서는 나무 위에서 자라며 뿌리는 느슨하게 매달려 있거나 나무를 감싸고 있다. 반다를 흙에 넣으면 스펀지 같은 뿌리가 썩을 수 있다.

Ornithogalum
오니소갈룸

친체린치, 베들레헴의 별

오니소갈룸은 줄기 꼭대기에서 내려오는 작은 별 모양의 흰 꽃 수백 개로 이루어져 있다. 꽃의 겉면은 녹색이며, 흐린 날씨에는 꽃잎이 닫혀 녹색의 겉면을 드러낸다.

가용 시기
여름

손질법
이 꽃은 자른 후 깨끗한 물만 있으면 된다. 오니소갈룸은 깨끗한 물에서 몇 주간 지속한다.

흥미로운 사실
속명 오니소갈룸은 흰 꽃을 그리스어 '오르니토스(ornithos, 새)'와 '갈라(gala, 우유)'로 지칭하는 데서 유래했다. 그리스어에서 '새의 우유'라는 표현은 놀라운 것을 묘사할 때 사용했다. 아름다운 오니소갈룸 꽃은 꽃다발에 잘 어울리며, 베들레헴의 별이라는 이름답게 결혼식이나 세례식, 침례식과 같은 기독교 의식에 자주 사용된다.

Pampas Grass(*Cortaderia selloana*)
팜파스 그래스(코르타데리아 셀로아나)

팜파스 그래스는 주로 드라이플라워로 사용되는 풀 품종의 꽃이다. 실크처럼 부드럽고 보송보송한 털이 흩날리는 느낌이라 꽃꽂이에 움직임을 주려고 할 때 적합하다.

가용 시기
연중 내내

손질법
팜파스 그래스는 깃털 같은 씨앗이 바람 따라 날리는 성질이 있기 때문에 흩날림이 심하다. 플로리스트들은 보통 씨앗이 사방에 날리지 않도록 사용하기 전에 헤어스프레이를 뿌린다. 팜파스 그래스를 한 번 자르고 나면 더 크게 키우는 것은 불가능하니 조금씩 자르는 편이 낫다는 사실을 기억하자. 꽃병 수명은 영원에 가깝다.

흥미로운 사실
꽃을 피우는 풀은 많지만 키가 크고 플로리스트가 사용하는 풀이라면 실제로는 다른 풀이더라도 모두 팜파스 그래스라고 부른다. 팜파스 그래스는 테이블 장식이나 가을 꽃꽂이에 중성색을 더할 때 훌륭하게 쓰인다.

Peony(*Paeonia* spp.)

작약(파에오니아종)

향기롭고 고풍스럽기로 유명한 작약은 고전적인 꽃이다. 섬세하고 달콤한 향기가 나는 이 꽃은 흰색, 분홍색, 장미색, 진한 진홍색의 홑꽃과 겹꽃으로 다양하게 피어난다. 겹겹이 피는 작약은 폭이 25cm에 이르는 것도 있으며 정원사나 플로리스트 모두가 즐겨 찾는 꽃이다.

가용 시기
4월 말~6월 중순

손질법
작약의 달콤한 꿀은 개미가 좋아하므로 꽃봉오리에 기어다니는 개미가 있다면 확실히 털어내야 한다. 꽃봉오리가 막 열리기 시작할 때 구매하는 것이 가장 이상적이다. 완전히 피어난 상태에서 수확하거나 구매할 수도 있지만 그런 경우에는 아름다운 모습을 며칠 보지 못할 것이다. 아래쪽 잎과 물 아래로 잠기는 잎을 모두 떼어낸다. 미지근한 물에 꽂고 직사광선을 피한다. 이틀에 한 번씩 물을 갈아준다.

흥미로운 사실
작약은 눈부신 아름다움과 달콤한 향기 때문만이 아니라, 사랑과 로맨스를 상징하고 행복한 결혼 생활을 기원하는 좋은 징조라는 이유로 신부에게 가장 사랑받는 꽃이다. 연분홍색 작약이 향기가 가장 좋다. 정원에 심은 작약은 100년이 넘도록 계속해서 꽃을 피울 수 있다.

Peony, Coral Charm

작약, 코랄 참

코랄 참 작약은 가장 사랑받는 작약 품종 중 하나다. 꽃잎이 여러 겹으로 되어 있는 겹꽃이며 크기뿐만 아니라 색상까지 바꾸는 놀라운 능력이 있다. 처음에는 자홍색으로 시작하여 분홍색으로 색이 연해지다가 완전히 피어나면 흰색으로 바뀐다. 끝으로 생의 마지막 재주를 부리며 노란색이 된다.

가용 시기
봄 중순

손질법
코랄 참 작약의 꽃을 피우려면 줄기를 자르고 바로 뜨거운 물에 꽂는다. 꽃 머리에 물을 뿌려주면 꽃에 묻은 달콤한 설탕이 씻겨나가 꽃이 피는 것을 도와준다. 딱딱한 꽃 머리를 스팀다리미의 분사구 아래에 두면 꽃잎이 팽창하면서 더 빨리 피어날 수 있다.

흥미로운 사실
대부분의 플로리스트들은 꽃을 상자에 넣어 건조한 상태 그대로 옆으로 눕혀 냉장고에 최대 2주 동안 보관한다. 이렇게 하면 꽃이 피면서 개화 주기가 시작되는 것을 막을 수 있다. 다른 작약과 마찬가지로 수명을 연장하려면 줄기를 새로 자르고 찬물에 담근 다음 다시 냉장고에 넣는다. 이 방법을 따르면 개화 주기를 늦출 수 있을 것이다.

Peony, Tree (*Paeonia* sect. *Moutan*)

작약, 모란 (파에오니아절)

모란은 관목이며 영구적인 나무줄기가 있다. 모란은 사촌 격인 붐 작약이나 스탠더드 작약보다 홑꽃이 훨씬 더 크다. 훨씬 더 섬세하고 가격대가 높기도 하다.

가용 시기
봄

손질법
모란은 꽃봉오리 형태일 때 자르는 것이 가장 좋다. 꽃이 매우 여리기 때문에 피어 있을 때는 세심한 주의가 필요하다. 칼로 길게 자르고 뜨거운 물이 담긴 꽃병에 꽂으면 아름다운 꽃이 활짝 피어난다.

흥미로운 사실
네덜란드는 모란 꽃대를 연간 약 5,000만 개 생산한다.

Phlox

플록스

플록스는 꽃잎 다섯 개가 달린 화려한 나팔 모양의 꽃이 줄기를 따라 무리 지어 피는 것으로 널리 알려져 있다. 흰색, 분홍색, 보라색, 빨간색, 파란색이 있다.

가용 시기
여름부터 초가을까지

손질법
플록스는 시중에서 가장 훌륭한 필러 꽃으로 손꼽힌다. 줄기가 길고 튼튼해 꽃병에 꽂기 쉽고 달리아나 백합처럼 줄기가 약한 꽃을 지탱할 수 있다. 플록스는 꽃이 완전히 피었을 때 잘라야 그 형태를 유지하며 오래 지속할 수 있다. 잎을 모두 떼어내고 줄기를 칼로 길게 자른 후 따뜻한 물에 넣는다.

흥미로운 사실
플록스라는 이름은 불꽃을 뜻하는 그리스어 '플레고(phlego)'에서 유래했으며 꽃의 빛나는 광채를 의미한다.

Poppy, Iceland(*Papaver nudicaule*)

꽃양귀비(아이슬란드 포피)(파파베르 누디카울)

꽃양귀비의 반투명 꽃은 길고 털이 많은 줄기 끝에 피는데, 높이가 15cm인 것부터 60cm에 이르는 것까지 있다. 그릇 모양을 한 꽃양귀비의 꽃은 크레이프지 같은 질감이고, 흰색, 분홍색, 빨간색, 주황색, 노란색 등 밝은 색이나 파스텔 계열이 주를 이루지만 꼭 한 가지 색상으로만 나타나지는 않는다. 청록색의 털이 많은 잎은 아래쪽에 자리 잡고 있다.

가용 시기
여름

손질법
이제 막 피어나기 시작하면서 색상을 살짝 보여주는 꽃봉오리를 고른다. 양초 불꽃에 줄기 끝을 태우거나 끓는 물에 몇 초간 담갔다가 찬물에 꽃꽂이한다. 꽃양귀비는 절화 중 가장 오래가는 편이지만 다른 양귀비처럼 더위를 잘 견디지 못한다. 꽃병 수명은 약 5~7일이다.

흥미로운 사실
양귀비는 기원전 5000년부터 메소포타미아에서 관상용 식물로 재배되어왔다. 양귀비에 모두 아편이 들어 있는 것은 아니지만, 양귀비는 전부 독성이 있으며 포유류의 중추 신경계에 영향을 미칠 수 있다.

Poppy Pods(*Papaver* spp.)

양귀비 꼬투리(파파베르종)

양귀비의 꼬투리는 꽃이 피었다가 꽃잎이 떨어진 후 줄기에 남는 부분이다. 꼬투리 하나에는 씨앗이 200개 이상 들어 있으며, 꼬투리에 생긴 작은 틈새를 통해 씨앗이 자연스럽게 튀어나온다.

가용 시기
늦봄, 양귀비꽃이 진 후

손질법
양귀비 꼬투리 드라이플라워를 구매하는 것은 합법이지만, 꼬투리에서 아편을 추출하려고 하면 곤란해진다. 양귀비 꼬투리는 꽃꽂이에 색다른 디자인을 더할 때나 필러로 사용하면 근사하다. 줄기를 자른 후 썩지 않게 항균 처리한 얕은 물에 꽂는다.

흥미로운 사실
베이글을 주문해본 적이 많다면 양귀비 씨앗을 한 번쯤 들어봤을 것이다(미국 등에서는 양귀비 씨앗을 토핑으로 올린 베이글을 흔하게 볼 수 있다. - 옮긴이). 양귀비 씨앗은 바로 이 꼬투리에서 나온다.

Protea, Blushing Bride (*Serruria florida*)

프로테아, 블러싱 브라이드
(세루리아 플로리다)

크라운 프로테아의 미니어처 버전으로, 고개를 숙이는 꽃 머리가 줄기 하나당 적게는 1개에서 많게는 8개 이상 달린 스프레이 형태가 흔하다. 종이 같은 질감이 인상적이며 매혹적인 모습을 보여준다. 분홍빛 홍조가 도는 흰색 포엽이 가운데 솜털같이 뭉쳐 있는 작은 꽃송이 무리를 둘러싸고 있다. 줄기 하나에 꽃이 3개부터 10개 이상까지 피어난다.

가용 시기
늦여름

손질법
블러싱 브라이드는 섬세해서 때로는 예측하기가 어렵다. 꽃을 뜨거운 물에 담근 다음 서늘한 곳에 보관하면 꽃병 수명을 연장할 수 있다.

흥미로운 사실
어떤 이들은 '블러싱 브라이드'가 첫날밤에 긴장한 신부를 가리킨다고 말한다. 또는 꽃이 신부의 드레스를 닮아서 생긴 이름이라고 말하는 이들도 있다. 어느 쪽이든 간에 결혼식장에서 행진할 때 눈길을 사로잡는 이 꽃을 선택하는 신부들이 점점 더 많아지고 있다.

Protea, Crown (*Protea* spp.)

프로테아, 크라운 (프로테아종)

킹 프로테아, 퀸 프로테아, 꿀단지, 꽃피는 설탕 관목

크라운 프로테아를 비롯해 같은 과에 속하는 여러 프로테아종은 동종 식물 중 가장 크기가 큰 색다른 식물이다. 길이는 15~18cm, 너비는 15~25cm에 달한다.

가용 시기
여름

손질법
사막의 꽃인 크라운 프로테아는 손이 많이 가지는 않지만 잎이 빨리 마르므로 물을 분사해주면 좋다.

흥미로운 사실
킹 프로테아는 남아프리카공화국의 국화이며, 휴면 상태의 꽃봉오리는 산불에도 살아남을 수 있다. 건조한 케이프타운에 화재가 발생한 후에도 킹 프로테아는 곧잘 솟아오른다.

Protea, Pincushion(*Leucospermum* spp.)

프로테아, 핀쿠션(레우코스퍼뭄종)

바늘겨레

핀쿠션 프로테아는 바느질에 사용하는 작은 바늘겨레를 닮았다. 꽃은 둥글고 작으며 색감이 화려하다. 일반적으로 눈에 띄는 주황색이나 노란색이 많다.

가용 시기
여름

손질법
핀쿠션 프로테아는 꽃꽂이에 근사한 질감과 생기 있는 색감을 더해준다. 때로는 단 한 송이만으로도 대담한 표현이 가능하다. 잘라서 물에 넣기만 하면 된다.

흥미로운 사실
프로테아가 다소 낯설게 느껴진다면, 3억 년 전으로 거슬러 올라가 고대의 거대한 곤드와나 대륙에서 살던 지구상에서 가장 오래된 식물 중 하나라는 점을 떠올리자.

Queen Anne's Lace (*Daucus carota*)
레이스플라워(퀸 앤스 레이스)(당근)

당근초

당근 꽃이라고도 불리는 이 들꽃은 연약하고 레이스처럼 생긴 외모로 많은 이들의 마음을 사로잡았다. 연약해 보이지만 실제로는 매우 번식력이 강한 야생 들꽃이다.

가용 시기
한여름에서 초가을까지

손질법
꽃이 올라오는 줄기에서 각각의 꽃을 분리한다. 꽃 칼로 줄기를 길게 사선으로 자른 다음 꽃병에 항균제를 충분히 넣은 뜨거운 물을 담고 줄기를 꽂는다. 윗부분에 물을 분사하고 꽃병을 냉장고에 넣어둔다.

흥미로운 사실
레이스플라워는 후반기에 접어들면 오그라들기 시작하고 동그랗게 말려 회전초가 된다. 아마 이 때문에 레이스플라워가 전 세계의 들판에 널리 퍼져 있을 것이다.

Ranunculus, Buttercup
라넌큘러스, 버터컵

아름다운 라넌큘러스 꽃은 그 크기와 색상이 다양하지만, 일반적으로 약 3~5cm의 크기를 크게 벗어나지 않는다. 라넌큘러스는 꽃잎과 꽃받침, 수술, 암술 등 꽃의 각 부분이 서로 분리되어 있고 그 수가 일정하지 않기 때문에 '단순한' 꽃으로 간주된다.

가용 시기
늦겨울부터 봄까지

손질법
다른 라넌큘러스와 마찬가지로 잎을 모두 제거하고, 여분의 꽃봉오리는 떼어내어 다른 꽃병에 꽂아둔다. 라넌큘러스는 독성이 있어 지나치게 많이 만지면 접촉성 피부염이 생길 수 있으므로 장갑을 착용하고 다루는 것이 좋다.

흥미로운 사실
라넌큘러스는 흐르는 듯한 참신한 모습의 꽃꽂이를 연출할 수 있어 2000년대의 어느 시기에 유행하던 꽃이었다.

Ranunculus, Butterfly

라넌큘러스, 나비(버터플라이)

나비 라넌큘러스는 가늘지만 튼튼한 줄기에 아네모네처럼 꽃잎 수가 한정적이다. 꽃잎에 광택이 있어 빛을 받으면 나비 날개처럼 반짝거리며 생명력을 북돋워준다. 줄기 하나에 꽃이 12송이까지 달릴 수 있어 색다른 분위기를 연출할 때 적합하다.

가용 시기
봄

손질법
잎은 모두 제거한다. 그러나 버터컵 라넌큘러스와 달리 줄기를 하나씩 분리할지의 여부를 결정하기 전까지는 그대로 두는 것이 가장 좋다. 나비 라넌큘러스는 의외로 수명이 길다. 시든 꽃만 제거하면 다른 꽃봉오리에서 꽃이 계속 피어오른다. 적절히 관리하면 꽃병 수명은 최대 14일이다.

흥미로운 사실
나비 라넌큘러스는 일본의 육종가가 만들어냈으며 세계적으로 빠르게 인기를 얻고 있다. 우리에게 친숙한 기존의 라넌큘러스 스타일과 달리, 나비 라넌큘러스는 꽃잎 수가 적어서 보헤미안 스타일은 물론 소박한 느낌의 꽃꽂이 디자인에도 완벽하게 어우러진다.

Ranunculus, Clooney Hanoi

라넌큘러스, 하노이

클루니 하노이

하노이 라넌큘러스는 사촌 격인 버터컵 라넌큘러스와 매우 비슷하지만 꽃잎의 모양과 크기, 각도, 개수가 다르다. 하노이 라넌큘러스는 연분홍색과 흰색 꽃으로 작약이나 장미만큼 눈부신 아름다움을 뽐내고 오래간다. 꽃이 완전히 피어나면 가운데 있는 녹색 눈이 드러난다.

가용 시기

늦겨울부터 봄까지

손질법

하노이 라넌큘러스의 잎과 아직 피지 않은 꽃봉오리는 모두 떼어낸다. 떼어낸 꽃봉오리는 계속 자라서 꽃을 피울 수 있으므로 다른 물병에 담아 보관한다. 하노이 라넌큘러스는 꽃잎이 아주 많기 때문에 물에 꽂으면 화려한 모습으로 피어나는 편이다. 꽃이 섬세함에도 불구하고 놀라울 정도로 오래간다.

흥미로운 사실

하노이 라넌큘러스는 이탈리아에서 재배된다. 풍성한 꽃이 눈부실 정도로 아름다워 웨딩 꽃으로 인기가 아주 많다.

Rhododendron

진달래

진달래는 나선형으로 줄기를 따라 올라가는 아름답고 향기로운 꽃과 관상용 잎을 얻기 위해 재배한다. 나팔 모양의 꽃은 흰색, 분홍색, 보라색, 빨간색, 주황색 등 여러 가지 색상이 있다.

가용 시기
늦봄

손질법
진달래 줄기를 원하는 길이로 자르고 표백제 몇 방울을 넣은 따뜻한(38℃) 물에 바로 꽂는다. 꽃을 되도록 오랫동안 좋은 상태로 보고 싶다면 며칠에 한 번 물을 갈아주고 그때마다 줄기를 새로 자른다. 꽃병 수명은 5~10일 정도다.

흥미로운 사실
진달래라는 이름은 '로돈(rhodon, 장미)'과 '덴드론(dendron, 나무)'이라는 고대 그리스어에서 왔다. 고대 그리스인들에게는 놀라운 소식이겠지만, 진달래는 상록수이며, 매년 잎이 떨어지는 관목이다.

Rose, Garden (*Rosa* spp.)
장미, 정원 (장미종)

장미는 사랑의 꽃이자 세계에서 가장 인기 있는 꽃으로 손꼽힌다. 장미꽃은 흰색, 노란색, 빨간색에 이르기까지 색상이 다채롭고 크기와 모양도 다양하다. 장미 가시는 사실 줄기의 표피가 뾰족하게 자라난 것이다. 장미의 우아함과 비단같이 부드러운 꽃잎은 타의 추종을 불허하며, 장미의 향기는 호화로움의 극치다. 이 향기를 햇볕을 듬뿍 받은 시트러스 풍미가 있는 중국 홍차의 향으로 묘사하기도 한다.

가용 시기
연중 내내

손질법
잎을 모두 제거하고 줄기를 사선으로 자른 후 즉시 뜨거운 물에 꽂는다. 장미가 아주 활짝 피기를 바란다면 꽃에 입김을 불어 꽃잎을 펼치거나 펠렛 드럼(막대기 위에 북이 달려 있는 타악기의 일종으로, 막대기를 양 손바닥 사이에 두고 비벼서 회전시키면 옆에 달린 줄이 북을 치며 소리를 낸다. - 옮긴이)을 돌리듯 줄기를 좌우로 돌려 꽃 머리가 활짝 열리게 할 수 있다. 일반적으로 하이브리드 티 장미는 꽃병 수명이 7일이지만, 정원 장미는 대부분 여리기 때문에 3~4일 정도다.

흥미로운 사실
기네스 세계 기록에 따르면 장미는 장식용으로 재배된 식물 중 가장 오래된 종이다. 고대 로마인은 광활한 농장에서 장미꽃을 재배하여 건물과 사람을 꾸미는 데 사용했으며, 꽃잎을 카펫에 흩뿌려 우아한 분위기를 만들기도 했다. 1986년 로널드 레이건 대통령이 백악관 로즈가든에 서서 장미를 미국의 국화로 공식 지정했던 일은 유명하다.

Rose, Hybrid Tea(*Rosa* spp.)
장미, 하이브리드 티(장미종)

하이브리드 티 장미는 장미의 왕으로 가장 오래된 장미 품종 중 하나다. 꽃봉오리가 줄기마다 하나씩 있는데 길고 뾰족하며 우아한 형태이다. 라벤더색, 분홍색, 복숭아색, 흰색, 노란색, 빨간색 등 거의 모든 색상으로 재배되고 있으나 파란색은 없다. 꽃에서는 과일 향이 은은하게 나고 꽃잎이 많으며 천천히 피어난다.

가용 시기
연중 내내

손질법
잎을 모두 제거하고 줄기를 사선으로 자른 후 즉시 뜨거운 물에 꽂는다. 장미가 아주 활짝 피기를 바란다면 꽃에 입김을 불어 꽃잎을 펼치거나 펠렛 드럼을 돌리듯 줄기를 좌우로 돌려 꽃 머리가 활짝 열리게 할 수 있다. 컨디셔닝을 잘 하면 꽃병 수명은 5~7일 정도다.

흥미로운 사실
하이브리드 티 장미는 밸런타인데이 꽃으로 가장 인기가 많으며, 립스틱 같은 빨간색의 '크리스찬 디올', 아이보리색과 분홍색의 '웨일즈 공주 다이애나', 진한 노란색의 '헨리 폰다', 살구색의 '마릴린 먼로' 등 다양한 품종이 있다.

Rose, Spray *(Rosa* spp.)
장미, 스프레이(장미종)

스위트하트 장미, 미니어처 장미

스프레이 장미는 줄기 하나에 작은 꽃이 여러 개 피는 미니어처 스탠더드 장미다. 스프레이 장미는 다양한 색상이 있으며, 열리지 않은 꽃봉오리부터 완전히 피어난 꽃까지 장미의 여러 성숙 단계를 보여주기도 한다. 스프레이 장미는 강조용 꽃으로 사용하거나 규모가 큰 꽃꽂이에 여러 송이를 한데 묶어 연출하면 훌륭하고, 어떤 공간이든 로맨틱한 분위기를 살려준다.

가용 시기
연중 내내

손질법
잎을 모두 제거하고 줄기를 사선으로 자른 후 즉시 뜨거운 물에 꽂는다. 장미가 아주 활짝 피기를 바란다면 연인의 귓가에 바람을 불어주듯 부드럽게 꽃에 입김을 불어 꽃잎을 펼칠 수 있다.

흥미로운 사실
꽃말에서 장미의 색깔은 서로 다른 의미를 지닌다. 빨간색은 낭만적인 사랑을, 분홍색은 감사를 의미한다. 노란색은 쾌유나 우정을, 라벤더색은 첫눈에 반한 사랑과 매혹을 뜻한다.

Ruscus

루스쿠스

박스 홀리, 정육점 빗자루

루스쿠스는 붉은 열매가 달리며 윤기 있고 뾰족한 모양의 잎이 우아하다. 대부분의 꽃과 잘 어울리고 물 없이도 오래 버티기 때문에 꽃을 다루는 업계에서는 아마도 가장 인기가 많은 잎 소재일 것이다. 전시나 웨딩의 녹색 소재로 널리 사용된다.

가용 시기
연중 내내

손질법
일주일에 한 번씩 줄기를 자르고 수돗물이나 가정용 표백제 몇 방울을 떨어뜨린 물에 푹 담그면 보통 2주 정도 되는 루스쿠스의 수명을 6개월까지 연장할 수 있다. 프로의 조언을 전하자면, 이스라엘산 루스쿠스와 이탈리아산 루스쿠스를 함께 사용하면 '야생' 느낌이 훨씬 나게 연출할 수 있다.

흥미로운 사실
수백 년 동안 루스쿠스는 정육점 도마를 닦는 용도로 쓰였다. 줄리어스 시저는 머리 장식으로 월계수 대신 루스쿠스를 착용한 것으로 알려져 있다.

Sandersonia *(Sandersonia aurantiaca)*
산데르소니아 (산데르소니아 아우란티아카)

중국 등불, 크리스마스 종

산데르소니아는 골무 크기의 등불 같은 종 모양의 꽃에서 이름을 얻었다. 줄기가 가늘고 잎이 길고 좁지만 잘 버틴다. 눈길을 사로잡는 꽃은 주황빛이 나는 노란색이며, 단독으로 있을 때 가장 아름답다.

가용 시기
한여름

손질법
보기 좋지 않은 잎을 떼어내고 날카로운 칼로 줄기를 자른다. 산데르소니아는 찬물이 가장 좋다.

흥미로운 사실
산데르소니아라는 속명은 1851년 남아프리카공화국에서 이 식물을 '발견'한 스코틀랜드 출신 저널리스트이자 아마추어 식물학자인 존 샌더슨의 이름을 딴 것이다. 남아프리카공화국에서 크리스마스 즈음에 꽃이 피기 때문에 크리스마스 종이라고 부른다.

Sarracenia
사라세니아

투수 식물

이상하고 이국적이며 외계인처럼 보이기까지 하는 사라세니아는 잎이 비어 있는 관 형태로 벌레잡이 식물이다. 나팔이나 항아리 모양을 하고 있어 벌레를 '잡아먹을' 수 있다. 투수 식물에는 다양한 종류가 있지만 절화 업계에서 가장 쉽게 볼 수 있는 것은 사라세니아다.

가용 시기
여름부터 가을까지

손질법
사라세니아는 모든 종류의 벌레를 유인해 사로잡는다. 사라세니아의 길이를 자를 때는 안쪽에 늘 벌레 몇 마리가 있으니 주의한다. 사라세니아가 내려앉는 것을 방지하려면 칼을 사용해 자른 후 따뜻한 물에 담그고 분무기로 분사한다.

흥미로운 사실
사라세니아는 관엽 식물로 점점 더 보편화되고 있다. 사라세니아의 모습이 마음에 든다면 벌레까지도 키우고 싶은 열망이 생길 수도 있다.

Scabiosa
스카비오사

바늘겨레 꽃

스카비오사는 품종이 다양하고 색상도 수백 가지가 있다. 공통적으로 길고 가느다란 줄기 위에 작고 아름다운 꽃을 피운다. 색다르고 투박한 스타일의 꽃꽂이에 완벽한 꽃이다.

가용 시기

여름

손질법

스카비오사는 연약한 꽃이 부러지지 않도록 꽃대의 목 부분을 빨대로 둘러싸고 있는 경우가 많다. 꽃을 보호하는 데에는 완벽하지만 보기에 좋지 않다면 없애도 된다. 꽃병 수명은 다소 짧다. 따뜻한 물에 넣으면 4~5일 정도 유지한다.

흥미로운 사실

스카비오사라는 이름은 '긁다'라는 뜻의 라틴어 '스카베레(scabere)'에서 유래했다. 로마인들은 전염성이 강한 피부 질환인 옴을 치료하기 위해 이 식물을 사용했다.

Snapdragon(*Antirrhinum* spp.)

금어초(스냅드래곤)(안티리눔종)

용꽃, 개꽃

금어초는 줄기를 따라 아름다운 주둥이 모양의 꽃 10~30개가 피는 키 큰 꽃차례다. 용의 얼굴과 입을 닮은 이 꽃은 분홍색, 보라색, 라벤더색, 암적색, 주황색, 흰색, 노란색 등 색상이 다양하다.

가용 시기
봄과 여름

손질법
꽃봉오리 색이 보이고 꽃이 3분의 1에서 절반 정도가 피어 있으며 꽃차례가 단단하고 곧게 뻗은 것을 고른다. 잎은 모두 제거한다. 금어초는 여름 꽃이지만 특이하게도 따뜻한 물이나 뜨거운 물보다 찬물에 담가야 더 오래 볼 수 있다. 금어초는 에틸렌 가스에 민감하므로 익은 과일이나 채소 주변에 두지 않는다.

흥미로운 사실
금어초 꽃의 마른 씨앗 꼬투리는 두개골 모형처럼 생겼다. 아마도 이 때문에 금어초가 주술과 노화로부터 보호해준다고 여겼을 것이다.

Snowberry(*Symphoricarpos*)
스노우베리(심포리카르포스)

고스트베리, 핑크베리, 왁스베리

스노우베리는 인동덩굴과에 속하는 관목이다. 줄기 끝까지 따라오며 열리는 열매는 대체로 흰색이나 분홍색 계열로 나타난다. 열매는 맛있어 보이지만 독성이 약간 있으므로 사람이나 반려동물이 섭취하면 안 된다.

가용 시기
가을 중순

손질법
스노우베리는 나무줄기에서 자라며, 줄기를 쪼개면 수분을 잘 흡수한다. 잎이 가장 먼저 갈색으로 변하고 시드는 경우가 많기 때문에 잎을 되도록 빨리 제거하는 것이 좋다.

흥미로운 사실
과거에는 스노우베리의 가지를 빗자루 강모나 화살촉 등 다양한 용도로 사용했다. 스노우베리는 거품이 나는 특징이 있어서, 아메리카 원주민의 어느 부족은 스노우베리 열매를 천연 샴푸로 사용하기도 했다.

Solidago
미국미역취(솔리다고)

골든로드

미국미역취는 다른 색으로 염색한 경우가 아니라면 놀랍게도 노란색으로만 나온다. 미국미역취는 초원에 피는 풀꽃과 가장 가까운 절화로, 소박한 스타일의 꽃꽂이에 가장 잘 어울린다.

가용 시기
여름

손질법
잎을 모두 제거하고 줄기를 따뜻한 물에 담가두면 꽃이 쉽게 피어난다. 미국미역취는 색상이 선명하고 질감이 풍성해 어떤 꽃꽂이에도 압도적인 매력을 더해준다.

흥미로운 사실
1920년대에 토머스 에디슨과 헨리 포드, 하비 파이어스톤은 미국미역취 잎에 농축된 라텍스를 활용해 고무를 생산하려고 했다. 포드의 첫 번째 자동차, '모델 T'는 미국미역취의 잎으로 만든 고무를 사용했다.

Statice(*Limonium* spp.)

스타티스(리모니움종)

갯라벤더, 리모니움

스타티스의 꽃송이들은 길고 단단한 줄기 끝에 무리 지어 피며, 색이 선명하고 종이처럼 얇고 오래간다. 주로 보라색과 파란색 계열이 많지만 흰색, 노란색, 복숭아색, 분홍색, 장미색도 있다.

가용 시기
연중 내내

손질법
꽃이 신선한 상태일 때의 모습 그대로 마르기 때문에 손질할 필요가 거의 없다. 꽃병 수명은 최대 14일이다. 다발로 묶어 거꾸로 매달아두면 드라이플라워를 만들어 여러 해 동안 볼 수 있다.

흥미로운 사실
스타티스의 꽃말은 기억이나 추억과 관련이 있다. 아마도 꽃을 말려도 오랫동안 색을 유지하기 때문일 것이다. '보고 싶어'라는 의미를 담은 필러로 넣어보자.

Stock (*Matthiola incana*)

스토크 (마티올라 인카나)

길리플라워

스토크는 이름은 그다지 흥미롭지 않지만, 아름답고 뾰족한 줄기에 촘촘하게 배열된 꽃이 커다랗게 피어난다. 스토크의 꽃은 위에서 아래로 핀다. 향기는 매콤하고 정향과 비슷하다. 흰색, 크림색, 분홍색, 살구색, 자홍색, 빨간색, 보라색, 노란색, 녹색 등 다양한 색상이 있다.

가용 시기
연중 내내

손질법
스토크 줄기는 밀도가 높아 수분 흡수가 어렵다. 꽃병 수명을 늘리려면 줄기를 다시 자르고 굵은 흰색 섬유질 밑동을 잘라낸다. 즉시 표백제 한 방울을 떨어뜨린 찬물에 담근다. 물을 자주 갈아주고 줄기도 다시 자른다. 꽃병 수명은 약 7일이다.

흥미로운 사실
스토크는 사실 양배추과에 속한다. 식용 꽃과 녹색 씨앗 꼬투리가 있는데, 무와 비슷한 맛이 나며 샐러드에 넣거나 고명으로 활용해도 좋다.

Strawflower(*Xerochrysum bracteatum*)

밀짚꽃(제로크리섬 브락테아툼)

골든 에버래스팅, 페이퍼 데이지

밀짚꽃은 과꽃과 모습이 비슷하지만 더 작고, 데이지처럼 중앙에 작은 꽃들이 모여 있다. 주변에 달린 꽃잎은 왁스 칠을 한 종이 느낌의 포엽이다. 밀짚꽃은 흰색, 노란색, 분홍색, 빨간색 등 다양한 색상이 있다.

가용 시기

여름

손질법

밀짚꽃은 머리가 매우 무겁고 줄기가 약한 것으로 알려져 있다. 플로리스트는 대부분 꽃대를 똑바로 유지하기 위해 줄기 중앙에 철사를 꽂는다. 잎은 모두 제거한다. 밀짚꽃은 꽃병 수명이 14~21일 정도다. 말리면 오랫동안 색이 유지되기는 하지만, '영원한'이라는 별명에 속지 말자. 시간이 흐르면 색이 바래고 부서진다.

흥미로운 사실

이 꽃은 세계적으로 유명한 패서디나의 축제인 '로즈 퍼레이드'에서 인기 있는 꽃이다. 꽃의 색과 꽃잎을 더욱 선명하게 만들기 위해 꽃 머리를 믹서기에 넣고 분쇄하기도 한다. 퍼레이드 수레를 만들 때는 꽃을 꽃으로 활용하기보다는 벽지처럼 색감을 나타내는 소재로 활용한다.

Sunflower, Common Green or Brown (*Helianthus* spp.)
해바라기, 일반 녹색이나 갈색
(헬리안투스종)

해바라기의 꽃을 머리라고 부른다. 해바라기의 큰 머리 하나를 구성하는 작은 꽃들은 2,000개에 달하기도 한다. 꽃 바깥쪽에 달린 노란 꽃잎을 혀꽃이라고 한다. 솜털 같은 갈색 중심부를 대롱꽃이라고 하며, 여기에서 씨앗이 자란다.

가용 시기
한여름부터 초가을까지

손질법
줄기를 45도 각도로 자르고 60cm 이상 남긴다. 자른 직후 꽃을 뜨거운 물에 넣고 몇 시간 동안 간접 조명 아래 둔다.

흥미로운 사실
해바라기는 북미가 원산지이지만, 기네스 세계 기록에 따르면 가장 키가 큰 해바라기는 독일에서 자란 것으로 높이가 약 917cm라고 한다. 노란색을 가장 흔히 볼 수 있지만 빨간색, 주황색, 보라색 해바라기도 있다.

Sunflower, Teddy Bear(*Helianthus annuus*)
해바라기, 테디 베어(헬리안투스 안누스)

테디 베어 해바라기는 이름처럼 귀엽고 푹신해 보이는 모양에 가운데가 보송보송하며 씨앗이 없다. 미국의 전통 해바라기 품종으로, 작은 키에 방울 모양의 활기 넘치는 노란 꽃으로 유명하다. 꽃대 하나에 꽃이 다섯 송이까지 달릴 수 있다.

가용 시기
한여름부터 10월까지

손질법
꽃이 완전히 피기 직전에 수확해야 한다. 꽃병 수명은 약 7일이다.

흥미로운 사실
네덜란드의 인상파 화가 빈센트 반 고흐는 해바라기에 푹 빠져 있었다. 반 고흐의 대표적인 테디 베어 해바라기 그림은 경매에서 수백만 달러에 팔렸다.

Sweet Pea(*Lathyrus odoratus*)

스위트피(라티루스 오도라투스)

스위트피만큼 귀여운 꽃은 없을 것이다. 스위트피 덩굴은 무지개 빛깔의 호랑나비를 닮은 향기로운 꽃과 접힌 듯한 가느다란 줄기가 어우러져 아주 근사하다.

가용 시기
봄

손질법
꽃병 수명을 되도록 늘리려면 끝부분에 아직 피지 않은 꽃이 두 개 이상 달린 줄기를 고른다. 줄기는 칼을 사용해 사선으로 자른 다음 깨끗한 물이 담긴 꽃병에 넣어야 한다. 물이 너무 많으면 꽃이 일찍 시들 수 있으므로 꽃병에 물을 5~8cm 정도만 넣고 꽃에는 물을 뿌리지 않는다. 꽃병 수명은 4~5일 정도다.

흥미로운 사실
스위트피는 이탈리아가 원산지다. 17세기 시칠리아의 한 수도사가 스위트피 씨앗을 영국으로 보냈고, 스위트피는 빅토리아 시대에 큰 인기를 얻게 되었다. 스위트피를 사랑할 만한 다른 이유가 필요한가? 우리는 스위트피에서 나는 천국의 향기를 좋아하지만, 이 향기는 파리를 괴롭게 하기 때문에 파리를 쫓는 데 도움이 된다.

Tansy(*Tanacetum* spp.)

쑥국화(타나세툼종)

황금 단추, 쓴 단추

쑥국화의 밝은 노란색 꽃은 옷에 달린 단추처럼 보이며, 윗부분이 납작한 꽃이 무리 지어 자란다. 잎은 솜털이 있고 양치식물과 비슷하며 으깨면 장뇌(녹나무에서 얻은 무색의 고체로, 독특한 향이 나며 방부제나 구충제 등을 만들 때 쓴다. – 옮긴이)처럼 톡 쏘는 냄새가 난다. 쑥국화는 30cm에서 약 150cm까지 자랄 수 있으며, 미국의 여러 지역에서 유해 잡초로 지정하고 있다.

가용 시기
8~9월

손질법
쑥국화에는 수존이라는 오일이 함유되어 있는데, 피부를 자극하거나 접촉성 피부염을 유발할 수 있으니 긴소매 옷을 입고 장갑을 착용한 후 작업한다.

흥미로운 사실
쑥국화는 역사적으로 소화기 질환이나 황달 치료 등 의료 목적으로 사용되어왔지만, 강력한 화학 물질인 수존은 독성이 있어 말이나 소, 사람이 과다 섭취하면 경련을 일으키거나 사망에 이를 수 있다.

Tulips, Parrot (*Tulipa* spp.)

튤립, 앵무새 (튤립종)

아름답고 이국적으로 보이는 앵무새 튤립은 꽃잎에 주름 장식이 있고 때로는 꽃잎이 꼬여 있기도 하다. 앵무새 깃털의 밝은 색감을 연상시키는 색상의 조합이 숨이 멎을 정도로 아름답다. 이처럼 거친 모양과 색상은 사람이 만들어낼 수 있는 수준이 아니다. 앵무새 튤립은 자연이 선사하는 놀라운 선물처럼 평범한 튤립의 유전자가 자연적으로 돌연변이를 일으킨 것이다.

가용 시기

1~5월

손질법

튤립은 꽃에 색이 처음 나타날 때를 크래킹이라고 하는데 이때 수확해야 한다. 스타일을 위해 잎 한 장만 남기고 나머지 잎은 모두 제거하며, 꽃이 처지지 않도록 원뿔 모양으로 감싼다. 꽃병에서 완전히 피어나게 한다. 튤립의 아름다움을 오래 유지하려면 직사광선을 피하고 정기적으로 물을 충분히 준다. 튤립의 꽃병 수명은 5일 정도다.

흥미로운 사실

1600년대에는 앵무새 튤립의 인기가 대단히 많았다. 수많은 예술가들이 모두 한 가지 주제의 그림을 그렸는데, 바로 그 자체로 멋진 예술 작품인 앵무새 튤립이었다.

Tulip, Standard (*Tulipa* spp.)
튤립, 스탠더드 (튤립종)

튤립은 고유한 모양과 다양한 아름다운 색상을 지닌 놀라운 꽃이다. 튤립은 계속해서 자라며 18cm만큼 자라는 것도 있다. 꽃병에 꽂아두면 더욱 아름다운 모습을 선보인다. 빨간색 품종이 가장 인기가 많지만, 흰색, 보라색, 연노란색, 짙은 적갈색 등 다양한 색상이 있다.

가용 시기
연중 내내

손질법
튤립은 잘라낸 후에도 빛을 향해 구부러지고 휘어지며 계속 자란다. 이런 현상을 꽃병에서 '걷는다'라고 한다. 튤립은 물을 잘 주고 열기를 피해 보관하면 꽃병 수명이 7~10일 정도다.

흥미로운 사실
튤립을 지칭하는 라틴어 '튤리파(Tulipa)'는 '터번'을 뜻하는 '튤리판(tulipan)'이라는 단어에서 유래했으며 튤립의 모양 덕에 그 이름을 얻었다. 튤립 하면 누구나 네덜란드를 함께 떠올린다. 네덜란드가 튤립의 최대 생산국인 것은 맞지만, 사실 튤립은 튀르키예에서 야생으로 자라는 꽃이다. 튤립은 1500년대 후반 영국을 통해 네덜란드로 전해졌다.

Tweedia(*Oxypetalum coeruleum*)

트위디아(옥시페탈룸 코에룰레움)

블루 밀크위드

트위디아는 브라질에서 온 열대 밀크위드 덩굴에서 피는 꽃이다. 담청색이나 흰색, 분홍색으로 피는 꽃은 작은 별 모양이며 꽃잎이 다섯 개다. 이 꽃은 소박한 디자인에 로맨틱하고 부드러우며 가냘픈 느낌을 더한다. 들꽃 스타일의 꽃꽂이에 잘 어울린다.

가용 시기
여름

손질법
트위디아는 꽃병 수명이 5~10일 정도 되는 훌륭한 절화다. 줄기에서 잎을 떼어낼 때 유즙이라고 하는 흰색 분비물이 나오는 것을 볼 수 있다. 이 분비물은 사람과 동물의 피부에 자극적일 수 있으니 주의한다. 트위디아를 다룰 때는 장갑을 착용하는 것이 좋다.

흥미로운 사실
최근 로맨틱하고 빈티지한 분위기를 내기 위해 머리에 트위디아 꽃을 꽂는 보헤미안 스타일의 신부들이 많다.

Veronica

베로니카

스피드웰, 새의 눈, 집시위드

베로니카 꽃은 관목에서 위로 곧게 자라며, 흰색, 파란색, 분홍색, 보라색 꽃이 피어나는 꽃차례로 널리 알려져 있다. 꽃 자체는 수백 개의 작은 꽃이 모여 원뿔 모양을 형성한다. 베로니카는 움직임이 경쾌하며 꽃이 만발한 정원을 연상시키는 디자인에 적합하다.

가용 시기
여름

손질법
잎을 되도록 많이 제거하고 줄기를 사선으로 자른 다음 바로 따뜻한 물에 담근다. 꽃에 물을 분무해줘도 좋다. 스피드웰이라는 이름은 며칠만 지나도 꽃잎이 떨어지기 시작하는 베로니카의 성향에서 비롯된 듯하다.

흥미로운 사실
아일랜드에서는 베로니카 꽃차례를 옷에 꽂아 여행자가 어려움 없이 안전하게 여행하기를 기원한다.

Viburnum

설구화(비부르눔)

스노우볼

설구화의 품종은 70여 가지가 넘지만 절화 업계에서 주로 사용하는 품종은 10가지 정도뿐이다. 설구화는 큰 공 모양의 연두색 꽃에 세 군데가 뾰족한 커다란 잎이 달려 있다.

가용 시기
초봄

손질법
줄기에 달린 잎을 비틀면서 떼어내며 잎은 모두 제거한다. 그런 다음 나무줄기를 쪼개고 껍질을 긁어내야 한다.

흥미로운 사실
네덜란드는 이 품종을 재배하는 데 필요한 기술력이 뛰어나 오랫동안 대량으로 생산해왔다. 모종에서 수출할 만한 가치가 있는 꽃을 생산하는 데까지는 2년이 걸린다.

Wax Flower(*Chamelaucium* spp.)
왁스플라워(카멜라우시움종)

왁스플라워는 섬세한 가지에 달콤하고 향긋한 꽃이 달린 사랑스러운 상록 관목이다. 왁스플라워의 색상은 진분홍색에서 크림색까지 있다. 정원 스타일의 꽃꽂이나 웨딩 부케를 만들 때 섬세한 질감을 나타내준다.

가용 시기
늦봄부터 여름까지

손질법
줄기를 사용할 만한 분량으로 분리하고 솔잎 같은 뾰족한 잎을 제거한다. 나무로 된 줄기를 잘라낸 후 뜨거운 물에 넣는다.

흥미로운 사실
왁스플라워 줄기에 달린 뾰족한 잎을 떼어내면 상쾌하고 깔끔한 레몬 향이 난다.

Winterberry(*Ilex verticillata*)
미국낙상홍(윈터베리)(일렉스 베르티칠라타)

피버 부시

미국낙상홍은 호랑가시나무과에 속하는 화초의 일종으로 가지를 뻗는 줄기에 노란색, 주황색, 빨간색 등 색색의 열매를 풍성하게 맺는다. 미국낙상홍은 낙엽성 호랑가시나무로 가을에 잎이 떨어진다. 선명한 색상의 열매가 주요 특징이다.

가용 시기
10~1월

손질법
미국낙상홍의 가지는 손이 많이 가지 않는다. 꽃병 수명은 1~2주 정도이며, 말리면 더 오래 두고 볼 수 있다.

흥미로운 사실
미국낙상홍은 크리스마스 시즌에 매우 인기가 많다. 단단한 필러로 쓰기에 아주 훌륭하고, 다른 꽃이나 가지와도 잘 어울린다.

Yarrow(*Achillea millefolium*)

서양톱풀(야로우)(아킬레아 밀레폴리움)

밀포일

서양톱풀의 각 줄기에는 납작한 꽃 머리가 여러 개 달려 있고, 꽃 머리는 흰색이나 붉은색, 분홍색의 데이지를 닮은 작은 꽃으로 덮여 있다. 서양톱풀은 줄기에 깃털처럼 섬세하고 부드러운 양치식물 같은 잎이 나선형으로 빽빽하게 달려 있으며, 이 때문에 천 개의 잎이라는 뜻을 지닌 밀포일이라는 이름을 얻었다.

가용 시기
여름

손질법
서양톱풀은 오래가는 절화이며, 로맨틱한 꽃은 물론 모양이나 질감이 화려한 꽃과도 잘 어울린다. 서양톱풀은 물 없이 꽃병에 꽂아두기만 해도 말릴 수 있다.

흥미로운 사실
서양톱풀은 씁쓸하고 매운 맛이 난다는 이유로 가난한 사람의 고추로 불려왔다. 젖소가 풀을 뜯을 때 서양톱풀을 너무 많이 먹으면 우유에서 쓴맛이 난다.

Zinnia

백일홍

백일홍은 과꽃과에 속하는 무성한 관목에서 화사한 색의 꽃을 피운다. 꽃의 크기는 2.5cm에서 18cm까지 다양하며, 형태는 홑꽃이나 반겹꽃, 겹꽃으로 나타난다. 백일홍은 빨간색, 보라색, 라일락색, 흰색, 노란색, 주황색 등 여러 밝은 색상이 있다.

가용 시기
여름

손질법
백일홍은 찬물에 꽂아두면 훨씬 더 오래가며, 줄기가 물에 잠기면 빨리 부패하는 편이라 물을 너무 많이 넣지 않는다. 꽃병에 물을 5~8cm 정도만 담아도 괜찮으며, 물을 자주 갈아주지 않으면 늪지대처럼 식물성 물질이 쌓일 수 있다. 꽃병 수명은 최소 7일이며, 그 후로 힘이 빠지기 시작한다.

흥미로운 사실
미국 남서부와 멕시코가 원산지인 백일홍은 한때 작고 못생긴 꽃으로 여겨졌다. 스페인인이 멕시코에서 백일홍을 처음 발견했을 때 이 꽃을 '말 데 오호스(mal de ojos)', 즉 눈병이라고 불렀다. 그 후 백일홍이 유럽에 소개되었으며 너무 흔하고 키우기 쉽다는 이유로 빈민가의 꽃으로 알려졌다. 그렇다고 해서 마음을 돌리지 말자. 백일홍은 꽃이 풍성하고 여름에도 잘 견디기 때문에 플로리스트들이 좋아하는 꽃 중 하나이다. 백일홍은 소박한 스타일의 꽃꽂이에 가장 잘 어울린다.

감사의 글

운 좋게 플로리스트가 되는 특권을 누릴 수 있게 되었다면, 훌륭한 성과를 내기 위해서는 수많은 유동적인 요소가 함께 어우러져야 한다는 사실을 깨달았을 것입니다. 배움에 대한 지원과 헌신을 아끼지 않는 플라워 스쿨 관계자들께 감사의 말씀을 전하고 싶습니다. 이분들의 지원이 없었다면 이 책은 나올 수 없었습니다.

저는 세계 최고의 작가로 손꼽히는 브루스 리틀필드와 친분을 쌓을 행운을 얻었습니다. 브루스의 재능과 꽃에 대한 절대적인 사랑이 있었기에 이 책을 이토록 훌륭한 참고서로 만들 수 있었습니다. 브루스에게 고마운 마음을 표합니다.

과거에도 그랬고 지금도 그렇듯이 저희는 훌륭한 직원들과 함께 일할 수 있는 축복을 얻었고, 이 축복은 어떤 글로도 감사하는 마음을 충분히 전할 수 없을 정도로 큽니다. 브리트니 레니그와 태라 산도나토, 토머스 세베니우스, 제시 오웬은 플라워 스쿨의 사명을 지키는 데 핵심 역할을 하고 있습니다. 여러분의 도움에 감사하는 마음이 땅끝까지 이릅니다. 벨 플뢰르의 메러디스 페레즈, 빌라누에바 디자인의 후안 빌라누에바, 블루 재스민 플로럴의 폴리나 닐리보츠키에게 전합니다. 성원을 보내주시고 계속해서 도움을 이어주셔서 감사합니다. 메건 라일리, 진 박, 바버라 멜, 엘레나 멘카렐리, 샤론 프렌더가스트 강사님들과 현재 마스터 명단에 있는 디자인 바이 안의 빅토리아 안, 브루클린 블룸스의 라파리스 필립스, 이스트 올리비아의 켈시 올리비아, 올리비에 지우니, 틴 캔 스튜디오의 잉그리드 카로치, 웨딩 라이브러리의 클라우디아 한린, 에밀리 피논, 장 파스칼 르미에르, 자르뎅 뒤 일로니의 아츠시 타니구치, 튤리피나의 키아나 언더우드, 렘코 반 블리에에게도 전합니다. 열정을 갖고 경험과 지혜를 나누어주셔서 감사합니다. 그리고 누구와도 비교할 수 없을 정도로 소중한 엘리자베스 암스트롱 브라운에게 감사의 말씀을 드립니다. 이 모든 것이 이루어진 것은 브라운 덕분입니다.

여기 있는 꽃을 모두 찾아 사진으로 담는 일은 결코 쉽지 않았습니다. 플뢰라메츠의 마이클과 조, 뉴욕 플라워 그룹(정식 명칭은 더치 플라워 라인)의 비니와 에드, 힐버다 드 보어의 친절한 바스와 마르코의 아낌없는 지원과 도움이 없었다면 이 책을 완성하는 일은 불가능했을 것입니다. 감사합니다.

가나다순 찾아보기

ㄱ

개나리 132
거베라(거베라종) 104
고수(코리안드룸 사티붐) 88
골든볼(크라스페디아) 94
과꽃(중국 아스터) 46
국화, 거미 78
국화, 스프레이 80
국화, 크레몬 76
글라디올러스 146
글로리오사(글로리오사종) 150
금계국(코레옵시스) 86
금관화(아스클레피아스) 40
금어초(스냅드래곤)(안티리눔종) 316
금잔화(칼렌듈라) 62
기린 리아트리스(덴스, 블레이징 스타)(리아트리스 스피카타) 108
꽃양귀비(아이슬란드 포피)(파파베르 누디카울) 272

ㄴ

난초(덴드로비움종) 246
난초(모카라종) 248
난초(반다종) 254
난초(심비디움종) 244
난초(온시디움종) 250
네리네(네리네종) 210
니겔라(니겔라 다마세나) 240

ㄷ

달리아, 둥글게 말린 꽃잎 102
달리아, 스탠더드 98
달리아, 카페오레 100
델피니움 106
독일붓꽃 186

ㄹ

라넌큘러스, 나비(버터플라이) 292
라넌큘러스, 버터컵 288
라넌큘러스, 하노이 294
라벤더(라반둘라종) 202
라일락(시링가종) 206
락스퍼 200
레우카덴드론 204
레이스플라워(퀸 앤스 레이스)(당근) 284
루스쿠스 306
리모니움 214
리시안서스(유스토마종) 216

ㅁ

마트리카리아 222
매발톱꽃(칼럼바인)(아퀼레지아종) 84
맨드라미(셀로시아, 브레인 플라워) 68
몰루셀라 226
무스카리 230
미국낙상홍(윈터베리)(일렉스 베르티칠라타) 354

361

미국미역취(솔리다고) 322

밀짚꽃(제로크리섬 브락테아툼) 328

ㅂ

방크시아 52

백묘국(더스티 밀러)(야코베아 마리티마) 118

백일홍 358

백합, 잡종(릴리움종) 208

버플레움 58

벚꽃(프루누스종) 74

베로니카 348

부바르디아 54

붓꽃, 스탠더드 190

브루니아 56

ㅅ

사라세니아 310

산데르소니아(산데르소니아 아우란티아카) 308

생강(에틀린게라 엘라티오르) 144

서양톱풀(야로우)(아킬레아 밀레폴리움) 356

설구화(비부르눔) 350

쇠뜨기(에퀴세툼종) 168

수국, 떡갈 잎 178

수국, 레이스캡 174

수국, 스탠더드 182

수국, 피지 180

수레국화(콘플라워)(센토레아 시아누스) 90

수선화, 다포딜 234

수선화, 페이퍼화이트 236

스노우베리(심포리카르포스) 320

스위트피(라티루스 오도라투스) 336

스카비오사 314

스타티스(리모니움종) 324

스토크(마티올라 인카나) 326

쑥국화(타나세툼종) 340

ㅇ

아가판서스 20

아네모네 36

아마릴리스 34

아스트란티아 40

아스틸베 48

아스플레니움, 크리스피 웨이브 44

아이비(헤데라) 160

안개꽃 156

안개나무(코티누스) 92

안스리움 38

알리움 24

알스트로메리아 26

알케밀라 22

양국수나무(나인바크)(피소카르푸스종) 242

양귀비 꼬투리(파파베르종) 276

양치식물 130

에레무루스 122

에린기움 124

에키나세아 120

엽란(아스피디스트라) 42

오니소갈룸 256

옥잠화(호스타) 170

왁스플라워(카멜라우시움종) 352

용버들(살릭스 마츠다나) 96

유칼립투스 128

은방울꽃(콘발라리아 마잘리스) 212

ㅈ

작약(파에오니아종) 260

작약, 모란(파에오니아절) 264

작약, 코랄 참 262

장미, 스프레이(장미종) 304

장미, 정원(장미종) 298

장미, 하이브리드 티(장미종) 302

줄맨드라미(아마란서스) 30

진달래 296

ㅊ

천일홍(곰프레나) 154

촛불 맨드라미(셀로시아, 스파이크) 70

ㅋ

칼라(잔테데스키아) 64

칼라테아 60

칼랑코에 192

캄파눌라 66

캥거루 포(아니고잔소스종) 198

케일(브라시카 올러라세아) 194

큰까치수영(리시마키아) 218

클레마티스 82

ㅌ

투구꽃(몽크후드)(아코니툼종) 228

튤립, 스탠더드(튤립종) 344

튤립, 앵무새(튤립종) 342

트위디아(옥시페탈룸 코에룰레움) 346

ㅍ

팜파스 그래스(코르타데리아 셀로아나) 258

패랭이꽃, 그린 트릭 110

패랭이꽃, 스위트 윌리엄 116

패랭이꽃, 스프레이 카네이션 114

패랭이꽃, 싱글 카네이션 112

패모(프리틸라리아) 136

패모(프리틸라리아), 크라운 임페리얼 140

프로테아, 블러싱 브라이드(세루리아 플로리다) 278

프로테아, 크라운(프로테아종) 280

프로테아, 핀쿠션(레우코스퍼뭄종) 282

프리지어 134

플록스 268

ㅎ

하이페리쿰 184

해바라기, 일반 녹색이나 갈색(헬리안투스종) 330

해바라기, 테디 베어(헬리안투스 안누스) 334

헬레보루스 164

헬리코니아 162

호랑가시나무(홀리)(일렉스종) 166

히아신스(히아신스종) 172